Winter&Natural

パーソナルカラー

冬
×
骨格診断
ナチュラル
似合わせBOOK

ビューティーカラーアナリスト®
海保麻里子
Mariko Kaiho

sanctuarybooks

Prologue

いつでも、どこでも、いくつになっても、心地いい自分でいたい。
日々身につける服も、メイクやヘアスタイルも、自分の心と体によくなじむものだけを選んで、毎日を気分よく過ごしたい。

でも、私に似合うものってなんだろう？
世の中にあふれる服やコスメのなかから、どうやって選べばいいんだろう？

そんな思いを抱えている方に向けて、この本をつくりました。

自分に似合うものを知る近道。それは、自分自身をもっとよく知ること。
もともともっている特徴や魅力を知り、それらを最大限にいかす方法を知ることが、とても大切になります。

そこで役立つのが、「パーソナルカラー」と「骨格診断」。
パーソナルカラーは、生まれもった肌・髪・瞳の色などから、似合う「色」を導き出すセオリー。骨格診断は、生まれもった骨格や体型、ボディの質感から、似合う「形」と「素材」を導き出すセオリー。

この2つのセオリーを知っていれば、自分に似合う服やコスメを迷いなく選べるようになります。

買ってみたもののしっくりこない……ということがなくなるので、ムダ買いが激減し、クローゼットのアイテムはつねにフル稼働。毎朝の服選びがグッとラクになり、それでいて自分にフィットするすてきな着こなしができるようになります。

自分の魅力をいかしてくれるスタイルで過ごす毎日は、きっと心地よく楽しいもの。つづけるうちに、やがて「自信」や「自分らしさ」にもつながっていくと思います。

この本の最大のポイントは、12冊シリーズであること。

パーソナルカラーは「春」「夏」「秋」「冬」の4タイプ、骨格は「ストレート」「ウェーブ」「ナチュラル」の3タイプに分類され、かけ合わせると合計12タイプ。

パーソナルカラーと骨格診断の専門知識にもとづき、12タイプそれぞれに似合うファッション・メイク・ヘア・ネイルを1冊ずつにわけてご紹介しています。

1冊まるごと、私のためのファッション本。

そんなうれしい本をめざしました。これからの毎日を心地いい自分で過ごすために、この本を手もとに置いていただけたら幸いです。

この本の使い方

この本は

パーソナルカラー **冬**

×

骨格診断 **ナチュラル**

タイプの方のための本です

【パーソナルカラー】

「春」「夏」「秋」「冬」の4タイプ

×

【骨格】

「ストレート」「ウェーブ」「ナチュラル」の3タイプ

かけ合わせると、合計12タイプ

〈全12冊シリーズ〉

『パーソナルカラー春×骨格診断ストレート似合わせBOOK』

『パーソナルカラー春×骨格診断ウェーブ似合わせBOOK』

『パーソナルカラー春×骨格診断ナチュラル似合わせBOOK』

『パーソナルカラー夏×骨格診断ストレート似合わせBOOK』

『パーソナルカラー夏×骨格診断ウェーブ似合わせBOOK』

『パーソナルカラー夏×骨格診断ナチュラル似合わせBOOK』

『パーソナルカラー秋×骨格診断ストレート似合わせBOOK』

『パーソナルカラー秋×骨格診断ウェーブ似合わせBOOK』

『パーソナルカラー秋×骨格診断ナチュラル似合わせBOOK』

『パーソナルカラー冬×骨格診断ストレート似合わせBOOK』

『パーソナルカラー冬×骨格診断ウェーブ似合わせBOOK』

＼この本はこれ！／

『パーソナルカラー冬×骨格診断ナチュラル似合わせBOOK』

パーソナルカラーは……
似合う「色」がわかる

生まれもった肌・髪・瞳の色などから、似合う「色」を導き出します

骨格は……
似合う「形」「素材」がわかる

生まれもった骨格や体型、ボディの質感から、似合う「形」と「素材」を導き出します

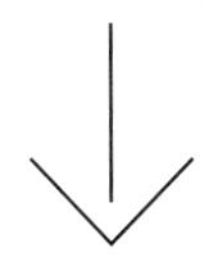

12冊シリーズ中、自分自身のタイプの本を読むことで、
本当に似合う「色」「形」「素材」の
アイテム、コーディネート、ヘアメイクが
わかります

1 自分自身が「パーソナルカラー冬×骨格診断ナチュラル」タイプで、似合うものが知りたい方 → P27へ

2 自分自身の「パーソナルカラー」と「骨格診断」のタイプがわからない方

- パーソナルカラーセルフチェック → P12へ
- 骨格診断セルフチェック → P22へ

→ 12冊シリーズ中、該当するタイプの本を手にとってください

Contents

冬×ナチュラルタイプのベストアイテム12

Chapter2
なりたい自分になる、冬×ナチュラルタイプの配色術

11色で魅せる、冬×ナチュラルタイプの配色コーディネート

Chapter3
冬×ナチュラルタイプの魅力に磨きをかけるヘアメイク

色の力で、生まれもった魅力を120%引き出す

「パーソナルカラー」

パーソナルカラーって何？

身につけるだけで自分の魅力を最大限に引き出してくれる、自分に似合う色。

そんな魔法のような色のことを、パーソナルカラーといいます。

SNSでひと目惚れしたすてきな色のトップス。トレンドカラーのリップ。いざ買って合わせてみたら、なんだか顔がくすんで見えたり青白く見えたり……。

それはおそらく、自分のパーソナルカラーとは異なる色を選んでしまったせい。

パーソナルカラーは、生まれもった「肌の色」「髪の色」「瞳の色」、そして「顔立ち」によって決まります。自分に調和する色を、トップスやメイクやヘアカラーなど顔まわりの部分にとり入れるだけで、肌の透明感が驚くほどアップし、フェイスラインがすっきり見え、グッとおしゃれな雰囲気になります。

これ、大げさではありません。サロンでのパーソナルカラー診断では、鏡の前でお客さまのお顔の下にさまざまな色の布をあてていくのですが、「色によって見え方がこんなに違うんですね！」と多くの方が驚かれるほど効果絶大なんです。

イエローベースと
ブルーベース

最近「イエベ」「ブルベ」という言葉をよく耳にしませんか？

これは、世の中に無数に存在する色を「イエローベース（黄み）」と「ブルーベース（青み）」に分類したパーソナルカラーの用語。

たとえば同じ赤でも、黄みがあってあたたかく感じるイエローベースの赤と、青みがあって冷たく感じるブルーベースの赤があるのがわかるでしょうか。

パーソナルカラーでは、色をイエローベースとブルーベースに大きくわけ、似合う色の傾向を探っていきます。

4つのカラータイプ「春」「夏」「秋」「冬」

色は、イエローベースかブルーベースかに加えて、明るさ・鮮やかさ・クリアさの度合いがそれぞれ異なります。パーソナルカラーでは、そうした属性が似ている色をカテゴライズし、「春」「夏」「秋」「冬」という四季の名前がついた4つのグループに分類しています。各タイプに属する代表的な色をご紹介します。

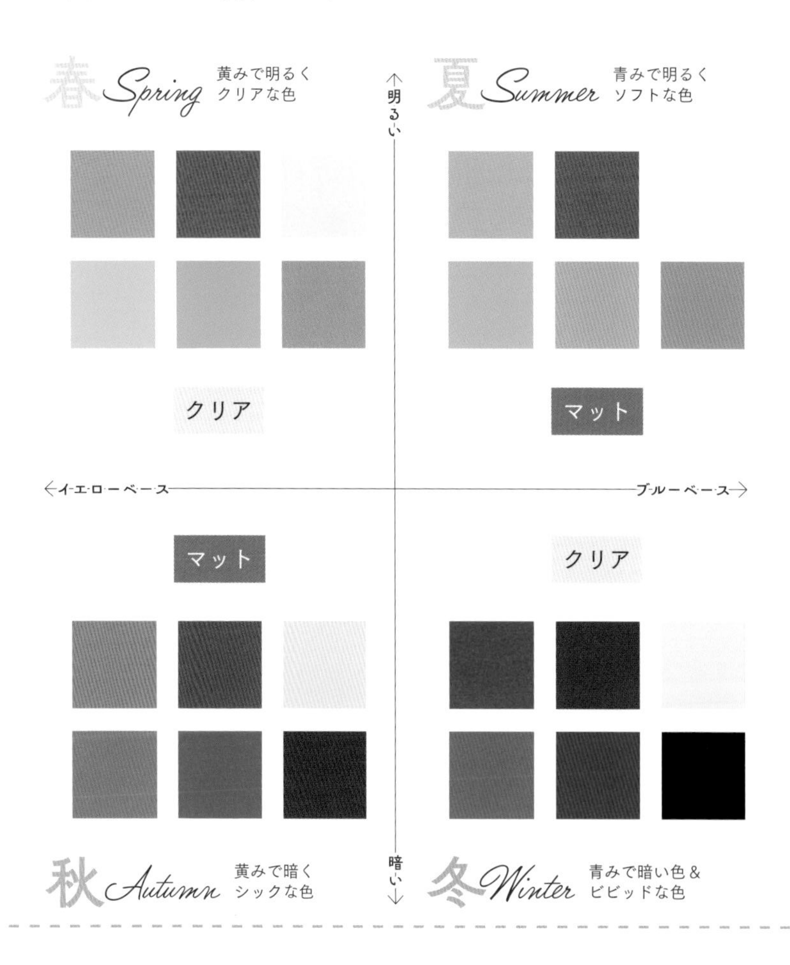

パーソナルカラーセルフチェック

あなたがどのパーソナルカラーのタイプにあてはまるか、セルフチェックをしてみましょう。迷った場合は、いちばん近いと思われるものを選んでください。

①できるだけ太陽光が入る部屋、または明るく白い照明光の部屋で診断してください。

②ノーメイクでおこなってください。

③着ている服の色が影響しないように白い服を着ましょう。

診断はこちらのウェブサイトでもできます（無料）

Q1 あなたの髪の色は？（基本は地毛。カラーリングしている方はカラーリング後の色でもOK）

A

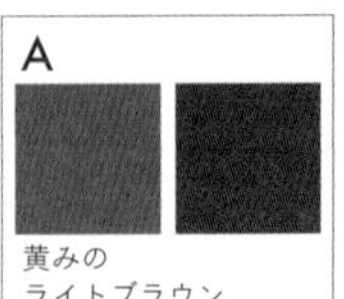

黄みの
ライトブラウン

B

赤みのローズブラウン、
または
ソフトなブラック

C

黄みのダークブラウン、
または緑みの
マットブラウン

D

ツヤのあるブラック

Q2 あなたの髪の質感は？

A

ふんわりと
やわらかい
（ねこっ毛だ）。

B

髪は細めで
サラサラだ。

C

太さは普通で
コシとハリがある。

D

1本1本が太くて
しっかりしている。

Q3 あなたの瞳は？

A

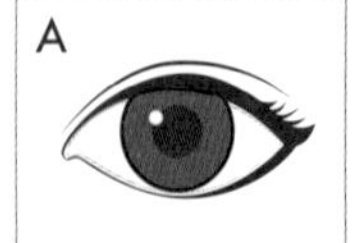

キラキラとした黄みの
ライトブラウン～
ダークブラウン。

B

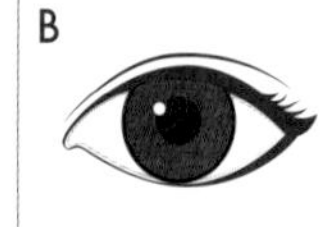

赤みのダークブラウン
～ソフトなブラック。
ソフトでやさしい印象。

C

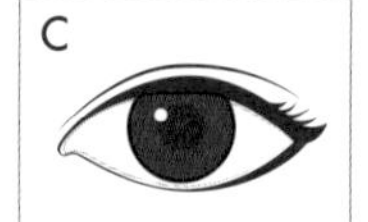

黄みのダークブラウン
で落ち着いた印象。
緑みを感じる方も。

D

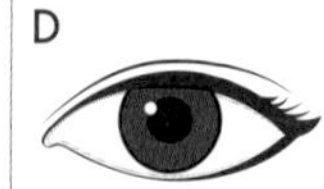

シャープなブラック。
白目と黒目の
コントラストが強く
目力がある。
切れ長の方も。

Q4 あなたの肌の色は？

A

明るいアイボリー。
ツヤがあって
皮膚は薄い感じ。

B

色白でピンク系。
なめらかな質感で頬に
赤みが
出やすい。

C

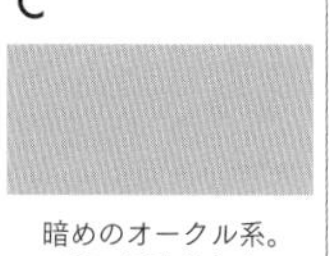

暗めのオークル系。
頬に色味がなく
マットな質感。
くすみやすい方も。

D

ピンク系で色白。
または濃いめの
肌色で皮膚は厚め。

Q5 日焼けをすると？

A

赤くなって
すぐさめる。
比較的焼けにくい。

B

赤くなりやすいが
日焼けは
ほとんどしない。

C

日焼けしやすい。
黒くなりやすく
シミができやすい。

D

やや赤くなり、
そのあときれいな
小麦色になる。

Q6 家族や親しい友人からほめられるリップカラーは？

A

クリアなピーチピンク
やコーラルピンク

B

明るいローズピンク
やスモーキーな
モーブピンク

C

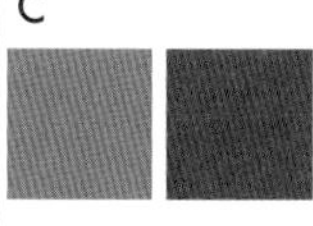

スモーキーな
サーモンピンクや
レッドブラウン

D

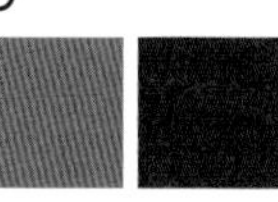

華やかな
フューシャピンクや
ワインレッド

Q7 人からよく言われるあなたのイメージは？

A	B	C	D
キュート、 フレッシュ、 カジュアル、 アクティブ	上品、 やさしい、 さわやか、 やわらかい	シック、 こなれた、 ゴージャス、 落ち着いた	モダン、 シャープ、 スタイリッシュ、 クール

Q8 ワードローブに多い、得意なベーシックカラーは？

A

ベージュやキャメルを着ると、顔色が明るく血色よく見える。

B

ブルーグレーやネイビーを着ると、肌に透明感が出て上品に見える。

C

ダークブラウンやオリーブグリーンを着ても、地味にならずにこなれて見える。

D

ブラックを着ても暗くならず、小顔&シャープに見える。

Q9 よく身につけるアクセサリーは？

A	B	C	D
ツヤのあるピンクゴールドや明るめのイエローゴールド	上品な光沢のシルバー、プラチナ	マットな輝きのイエローゴールド	ツヤのあるシルバー、プラチナ

Q10 着ていると、家族や親しい友人からほめられる色は？

A

明るい黄緑やオレンジ、黄色などのビタミンカラー

B

ラベンダーや水色、ローズピンクなどのパステルカラー

C

マスタードやテラコッタ、レンガ色などのアースカラー

D

ロイヤルブルーやマゼンタ、真っ赤などのビビッドカラー

診断結果

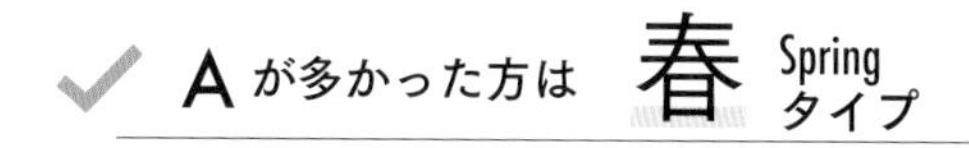

Bが多かった方は 夏 Summer タイプ

Cが多かった方は 秋 Autumn タイプ

Dが多かった方は 冬 Winter タイプ

いちばんパーセンテージの高いシーズンがあなたのパーソナルカラーです。パーソナルカラー診断では似合う色を決める4つの要素である「ベース（色み）」「明るさ（明度）」「鮮やかさ（彩度）」「クリアか濁っているか（清濁）」の観点から色を分類し、「春夏秋冬」という四季の名称がついたカラーパレットを構成しています。

パーソナルカラーは、はっきりわかりやすい方もいれば、複数のシーズンに似合う色がまたがる方もいます。パーソナルカラーでは、いちばん似合う色が多いグループを「1st シーズン」、2番目に似合う色が多いグループを「2nd シーズン」と呼んでいます。

- 春と秋が多い方　黄みのイエローベースが似合う（ウォームカラータイプ）
- 夏と冬が多い方　青みのブルーベースが似合う（クールカラータイプ）
- 春と夏が多い方　明るい色が似合う（ライトカラータイプ）
- 秋と冬が多い方　深みのある色が似合う（ダークカラータイプ）
- 春と冬が多い方　クリアで鮮やかな色が似合う（ビビッドカラータイプ）
- 夏と秋が多い方　スモーキーな色が似合う（ソフトカラータイプ）

The「春」「夏」「秋」「冬」タイプの方と、2nd シーズンをもつ6タイプの方がいて、パーソナルカラーは大きく10タイプに分類することができます（10Type Color Analysis by 4element®）。

※迷う場合は、巻末の「診断用カラーシート」を顔の下にあててチェックしてみてください（ノーメイク、自然光または白色灯のもとでおこなってください）。

春 Spring タイプ

どんなタイプ？
かわいらしく元気な印象をもつ春タイプ。春に咲き誇るお花畑のような、イエローベースの明るい色が似合います。

肌の色
明るいアイボリー系。なかにはピンク系の方も。皮膚が薄く、透明感があります。

髪・瞳の色
黄みのライトブラウン系。色素が薄く、瞳はガラス玉のように輝いている方が多いです。

似合うカラーパレット

春タイプの色が似合う場合：肌の血色がアップし、ツヤとハリが出る
春タイプの色が似合わない場合：肌が黄色くなり、顔が大きく見える

ベースカラー
（コーディネートの基本となる色）：
アイボリー、ライトウォームベージュ、ライトキャメルなど、黄みのライトブラウン系がおすすめ。

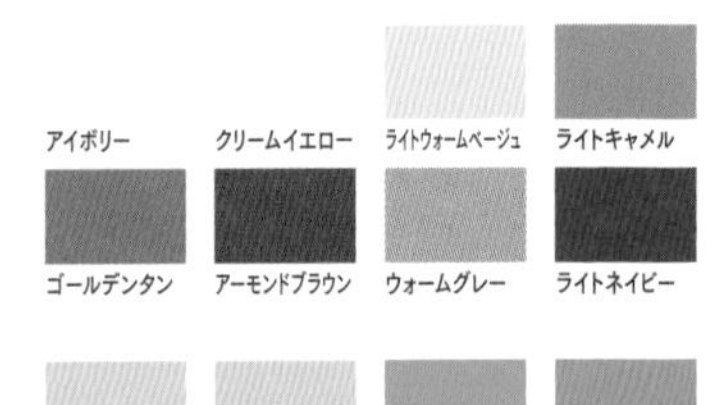

アソートカラー
（ベースカラーに組み合わせる色）：
ピーチピンク、ライトターコイズなどを選ぶと、肌がより明るく血色よく見えます。

ピーチピンク　アプリコット　ライトサーモン　コーラルピンク
ライトクリアゴールド　パステルイエローグリーン　ライトトゥルーグリーン　ライトターコイズ

アクセントカラー
（配色に変化を与える色）：
ライトオレンジやブライトイエローなどのビタミンカラー、クリアオレンジレッドなどのキャンディカラーがぴったり。

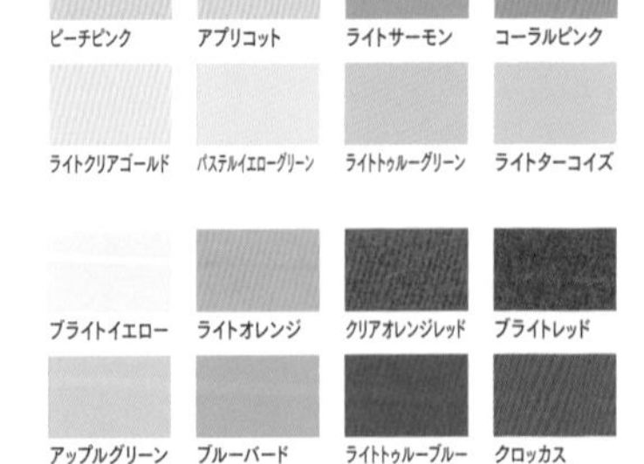

夏 Summerタイプ

どんなタイプ？

エレガントでやわらかい印象をもつ夏タイプ。雨のなかで咲く紫陽花のような、ブルーベースのやさしい色が似合います。

肌の色

明るいピンク系。色白で頬に赤みのある方が多いです。

髪・瞳の色

赤みのダークブラウン系か、ソフトなブラック系。穏やかでやさしい印象。

似合うカラーパレット

夏タイプの色が似合う場合：肌の透明感がアップし、洗練されて見える

夏タイプの色が似合わない場合：肌が青白く見え、寂しい印象になる

ベースカラー

（コーディネートの基本となる色）：

ライトブルーグレー、ソフトネイビー、ローズベージュなどで上品に。

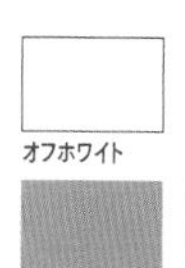

オフホワイト　ローズベージュ　ココア　ローズブラウン

ライトブルーグレー　チャコールブルーグレー　ソフトネイビー　グレイッシュブルー

アソートカラー

（ベースカラーに組み合わせる色）：

青みのある明るいパステルカラーや、少し濁りのあるスモーキーカラーが得意。

ベビーピンク　ペパーミントグリーン　パウダーブルー　ライトレモンイエロー

ローズピンク　モーブピンク　スカイブルー　ラベンダー

アクセントカラー

（配色に変化を与える色）：

ローズレッド、ディープブルーグリーンなど、ビビッドすぎない色が肌になじみます。

オーキッド　ストロベリーレッド　ローズレッド　ラズベリー

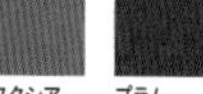

ディープブルーグリーン　ミディアムブルー　ソフトフクシア　プラム

秋 Autumn タイプ

どんなタイプ？

大人っぽく洗練された印象をもつ秋タイプ。秋に色づく紅葉のような、イエローベースのリッチな色が似合います。

肌の色

やや暗めのオークル系。マットな質感で、頬に色味がない方も。

髪・瞳の色

黄みのダークブラウン系。グリーンっぽい瞳の方も。穏やかでやさしい印象。

似合うカラーパレット

秋タイプの色が似合う場合：肌の血色がアップし、なめらかに見える

秋タイプの色が似合わない場合：肌が暗く黄ぐすみして、たるんで見える

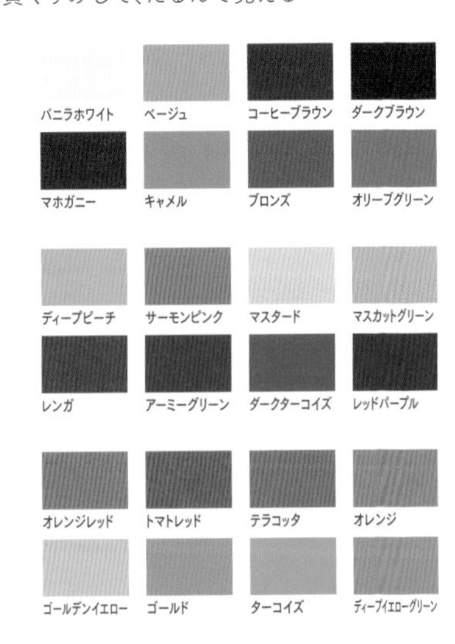

ベースカラー
（コーディネートの基本となる色）：
ダークブラウン、キャメル、オリーブグリーンなどのアースカラーも地味にならず洗練度アップ。

アソートカラー
（ベースカラーに組み合わせる色）：
サーモンピンク、マスカットグリーンなど、少し濁りのあるスモーキーカラーで肌をなめらかに。

アクセントカラー
（配色に変化を与える色）：
テラコッタ、ゴールド、ターコイズなど、深みのあるリッチなカラーがおすすめ。

冬 Winterタイプ

どんなタイプ？
シャープで凛とした印象をもつ冬タイプ。澄んだ冬空に映えるような、ブルーベースのビビッドな色が似合います。

肌の色
明るめか暗めのピンク系。黄みの強いオークル系の方も。肌色のバリエーションが多いタイプ。

髪・瞳の色
真っ黒か、赤みのダークブラウン系。黒目と白目のコントラストが強く、目力があります。

似合うカラーパレット

冬タイプの色が似合う場合：フェイスラインがすっきりし、華やかで凛とした印象になる

冬タイプの色が似合わない場合：肌から色がギラギラ浮いて見える

ベースカラー
（コーディネートの基本となる色）：
白・黒・グレーのモノトーンが似合う唯一のタイプ。濃紺も似合います。

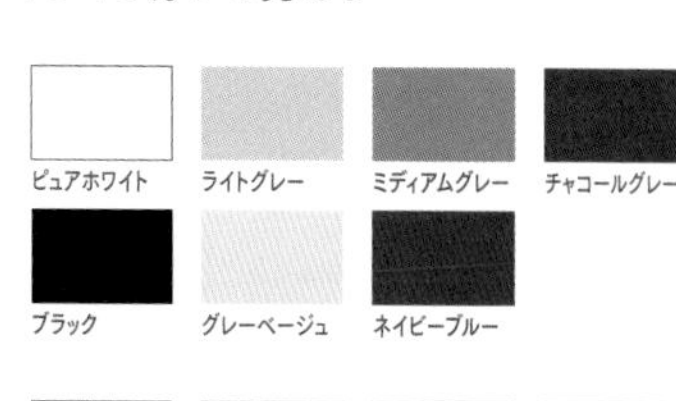

ピュアホワイト　ライトグレー　ミディアムグレー　チャコールグレー
ブラック　グレーベージュ　ネイビーブルー

アソートカラー
（ベースカラーに組み合わせる色）：
深みのあるダークカラーで大人っぽく。薄いシャーベットカラーも得意。

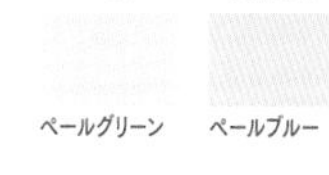

ブルーレッド　マラカイトグリーン　パイングリーン　ロイヤルパープル
ペールグリーン　ペールブルー　ペールピンク　ペールバイオレット

アクセントカラー
（配色に変化を与える色）：
目鼻立ちがはっきりしているので、ショッキングピンクやロイヤルブルーなどの強い色にも負けません。

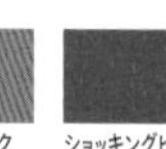

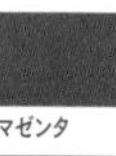

トゥルーレッド　チェリーピンク　ショッキングピンク　マゼンタ

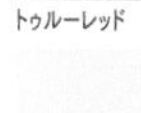
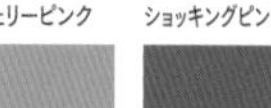

レモンイエロー　トゥルーグリーン　トゥルーブルー　ロイヤルブルー

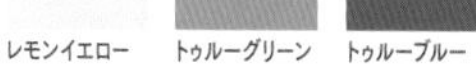

※ベース、アソート、アクセントカラーは配色によって変わることがあります

一度知れば一生役立つ、似合うファッションのルール

「骨格診断」

骨格診断って何？

肌や瞳の色と同じように、生まれもった体型も人それぞれ。骨格診断は、体型別に似合うファッションを提案するメソッドです。

体型といっても、太っているかやせているか、背が高いか低いか、ということではありません。

骨や関節の発達のしかた、筋肉や脂肪のつきやすさ、肌の質感など、生まれもった体の特徴から「似合う」を導き出します。

パーソナルカラーでは自分に似合う「色」がわかる、といいました。一方、骨格診断でわかるのは、自分に似合う「形」と「素材」。

服・バッグ・靴・アクセサリーなど世の中にはさまざまなファッションアイテムがあふれていますが、自分の骨格タイプとそのルールを知っておけば、自分に似合う「形」と「素材」のアイテムを迷わず選びとることができるんです。

体型に変化があっても、骨の太さが大きく変わることはありません。体重の増減が10kg前後あった場合、似合うものの範囲が少し変わってくることはありますが、基本的に骨格タイプは一生変わらないもの。つまり、自分の骨格タイプのルールを一度覚えてしまえば、一生役立ちます。

年齢を重ねるとボディラインが変化していきますが、じつは変化のしかたには骨格タイプごとの特徴があります。そのため、年齢を重ねることでより骨格タイプに合ったファッションが似合うようになる傾向も。

パーソナルカラーと骨格診断。どちらも、「最高に似合う」を「最速で叶える」ためのファッションルール。服選びに迷ったときや、鏡のなかの自分になんだかしっくりこないとき、きっとあなたを助けてくれるはずです。

3つの骨格タイプ「ストレート」「ウェーブ」「ナチュラル」

骨格診断では、体の特徴を「ストレート」「ウェーブ」「ナチュラル」という3つの骨格タイプに分類し、それぞれに似合うファッションアイテムやコーディネートを提案しています。

まずは、3タイプの傾向を大まかにご紹介しますね。

ストレート *Straight*

筋肉がつきやすく、立体的でメリハリのある体型の方が多いタイプ。シンプルでベーシックなスタイルが似合います。

ウェーブ *Wave*

筋肉より脂肪がつきやすく、平面的な体型で骨が華奢な方が多いタイプ。ソフトでエレガントなスタイルが似合います。

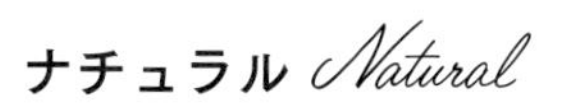

ナチュラル *Natural*

手足が長く、やや平面的な体型で骨や関節が目立つ方が多いタイプ。ラフでカジュアルなスタイルが似合います。

骨格診断セルフチェック

診断はこちらの
ウェブサイトでも
できます（無料）

あなたがどの骨格診断のタイプにあてはまるか、セルフチェックをしてみましょう。迷った場合は、いちばん近いと思われるものを選んでください。
①鎖骨やボディラインがわかりやすい服装でおこないましょう。
（キャミソールやレギンスなど）
②姿見の前でチェックしてみましょう。
③家族や親しい友人と一緒に、体の特徴を比べながらおこなうとわかりやすいです。

Q1 筋肉や脂肪のつき方は？

A 筋肉がつきやすく、二の腕や太ももの前の筋肉が張りやすい。

B 筋肉がつきにくく、腰まわり、お腹など下半身に脂肪がつきやすい。

C 関節が大きく骨が太め。肉感はあまりなく、骨張っている印象だ。

Q2 首から肩にかけてのラインは？

A 首はやや短め。肩まわりに厚みがある。

B 首は長めで細い。肩まわりが華奢で薄い。

C 首は長くやや太め。筋が目立ち肩関節が大きい。

Q3 胸もとの厚みは？

A 厚みがあり立体的(鳩胸っぽい)、バストトップは高め。

B 厚みがなく平面的、バストトップはやや低め。

C 胸の厚みよりも、肩関節や鎖骨が目立つ。

Q4 鎖骨や肩甲骨の見え方は？

A あまり目立たない。

B うっすらと出ているが、骨は小さい。

C はっきりと出ていて、骨が大きい。

Q5 体に対する手の大きさや関節は？

A 手は小さく、手のひらは厚い。骨や筋は目立たない。

B 大きさはふつうで、手のひらは薄い。骨や筋は目立たない。

C 手は大きく、厚さより甲の筋や、指の関節、手首の骨が目立つ。

Q6 手や二の腕、太ももの質感は？

A 弾力とハリのある質感。

B ふわふわとやわらかい質感。

C 皮膚がややかためで、肉感をあまり感じない。

Q7 腰からお尻のシルエットは？

A 腰の位置が高めで、腰まわりが丸い。

B 腰の位置が低めで、腰が横（台形）に広がっている。

C 腰の位置が高めで、お尻は肉感がなく平らで長い。

Q8 ワンピースならどのタイプが似合う？

A Iラインシルエットでシンプルなデザイン

B フィット＆フレアのふんわり装飾性のあるデザイン

C マキシ丈でゆったりボリュームのあるデザイン

Q9 着るとほめられるアイテムは？

A パリッとしたコットンシャツ、ハイゲージ（糸が細い）のVネックニット、タイトスカート

B とろみ素材のブラウス、ビジュ―つきニット、膝下丈のフレアスカート

C 麻の大きめシャツ、ざっくり素材のゆったりニット、マキシ丈スカート

Q10 どうもしっくりこないアイテムは？

A ハイウエストワンピ、シワ加工のシャツ、ざっくり素材のゆったりニット

B シンプルなVネックニット、ローウエストワンピ、オーバーサイズのカジュアルシャツ

C シンプルなTシャツ、フィット＆フレアの膝丈ワンピ、ショート丈ジャケット

診断結果

✓ Aが多かった方は **ストレート**タイプ

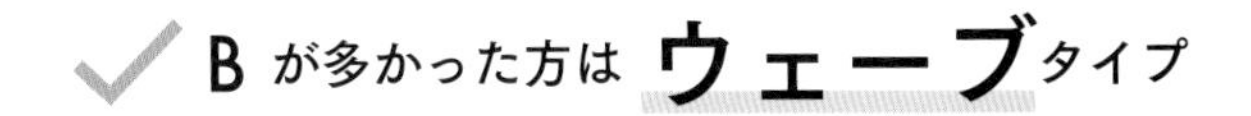

✓ Bが多かった方は **ウェーブ**タイプ

✓ Cが多かった方は **ナチュラル**タイプ

いちばん多い回答が、あなたの骨格タイプです（2タイプに同じくらいあてはまった方は、ミックスタイプの可能性があります）。BとCで悩んだ場合は、とろみ素材でフィット感のある、フリルつきのブラウス＆膝丈フレアスカートが似合えばウェーブタイプ、ローゲージ（糸が太い）のざっくりオーバーサイズのニット＆ダメージデニムのワイドシルエットが似合う方は、ナチュラルタイプの可能性が高いです。

ストレート Straight タイプ

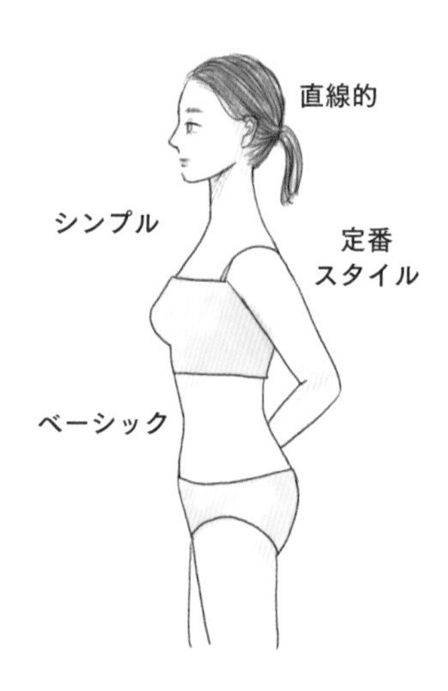

どんなタイプ？

グラマラスでメリハリのある体が魅力のストレートタイプ。シンプルなデザイン、適度なフィット感、ベーシックな着こなしで「引き算」を意識すると、全体がすっきり見えてスタイルアップします。

体の特徴

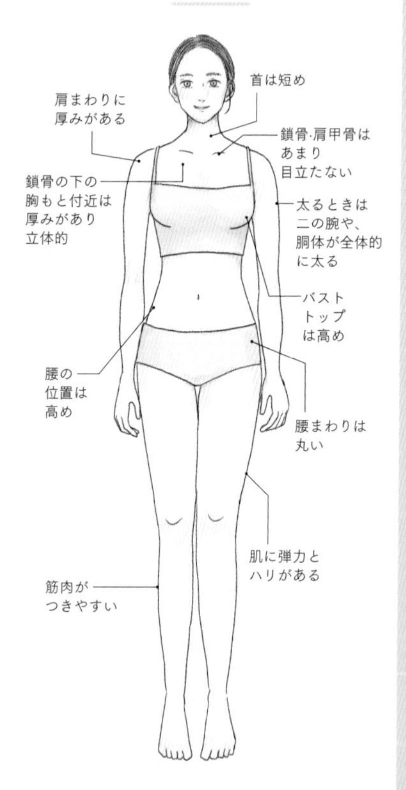

似合うファッションアイテム

パリッとしたシャツ、Vネックニット、タイトスカート、センタープレスパンツなど、シンプル＆ベーシックで直線的なデザイン。

似合う着こなしのポイント

Vネックで胸もとをあける、腰まわりをすっきりさせる、サイズやウエスト位置はジャストにする、Iラインシルエットにする、など。

似合う素材

コットン、ウール、カシミヤ、シルク、表革など、ハリのある高品質な素材。

似合う柄

チェック、ストライプ、ボーダー、大きめの花柄など、直線的な柄やメリハリのある柄。

ウェーブ Wave タイプ

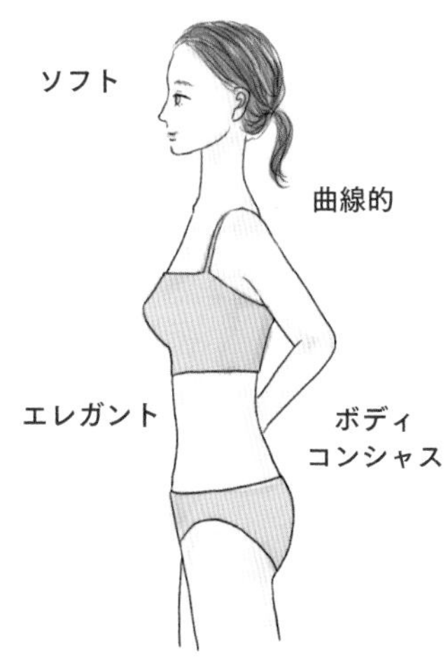

どんなタイプ？
華奢な体とふわふわやわらかい肌質が魅力のウェーブタイプ。曲線的なデザインや装飾のあるデザインで「足し算」を意識すると、体にほどよくボリュームが出て、エレガントさが際立ちます。

体の特徴

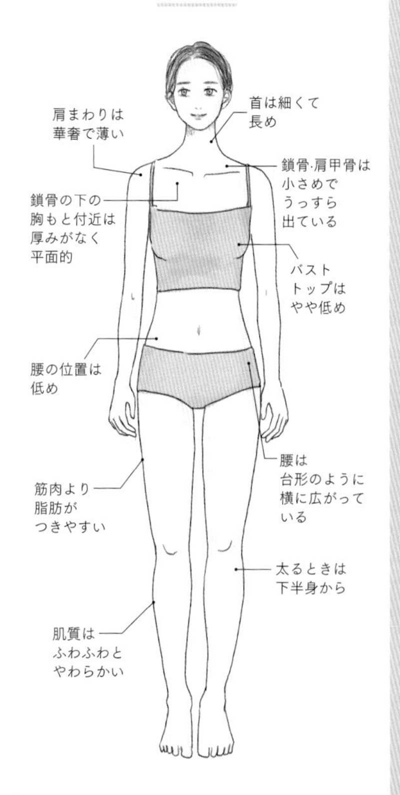

似合うファッションアイテム
フリルや丸首のブラウス、プリーツやタックなど装飾のあるフレアスカート、ハイウエストのワンピースなど、ソフト＆エレガントで曲線的なデザイン。

似合う着こなしのポイント
フリルやタックで装飾性をプラスする、ハイウエストでウエストマークをして重心を上げる、フィット（トップス）＆フレア（ボトムス）のXラインシルエットにする、など。

似合う素材
ポリエステル、シフォン、モヘア、エナメル、スエードなど、やわらかい素材や透ける素材、光る素材。

似合う柄
小さいドット、ギンガムチェック、ヒョウ柄、小花柄など、小さく細かい柄。

ナチュラル Natural タイプ

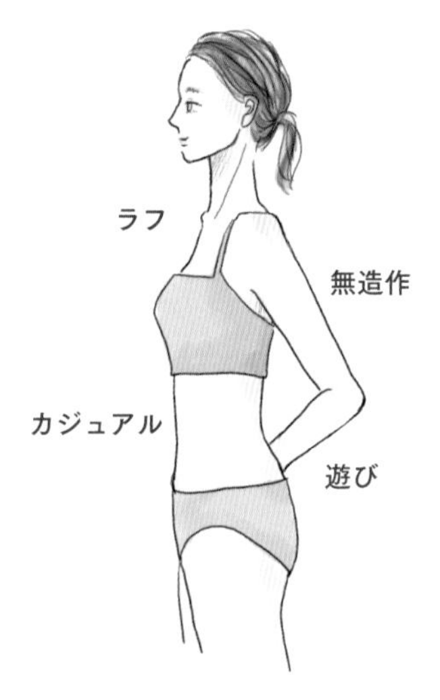

どんなタイプ？
しっかりした骨格と長い手足が魅力のナチュラルタイプ。ゆったりシルエットや風合いのある天然素材で「足し算」を意識すると、骨格の強さとのバランスがとれて、こなれた雰囲気に仕上がります。

体の特徴

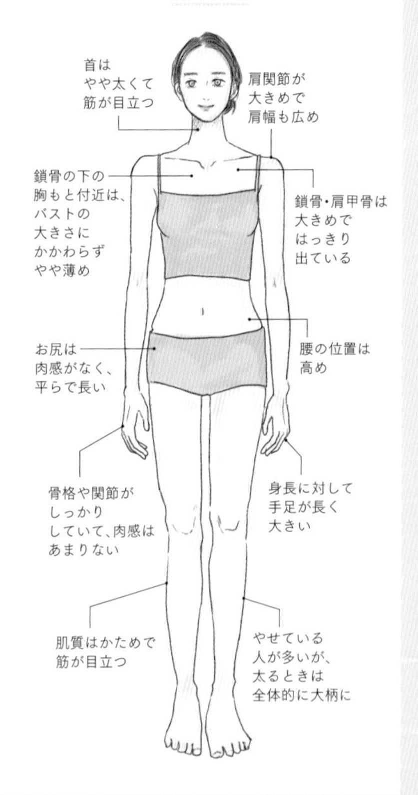

似合うファッションアイテム
麻のシャツ、ざっくりニット、ワイドパンツ、マキシ丈スカートなど、ラフ＆カジュアルでゆったりとしたデザイン。

似合う着こなしのポイント
ボリュームをプラスしてゆったりシルエットをつくる、長さをプラス＆ローウエストにして重心を下げる、肌をあまり出さない、など。

似合う素材
麻、コットン、デニム、コーデュロイ、ムートンなど、風合いのある天然素材や厚手の素材。

似合う柄
大きめのチェック、ストライプ、ペイズリー、ボタニカルなど、カジュアルな柄やエスニックな柄。

Chapter 1

冬×ナチュラルタイプの魅力を引き出すベストアイテム

鉄則

1

ブラックのボーダープルオーバー

コントラストの強いブラック×ホワイトのボーダー柄がとても得意な冬×ナチュラルタイプ。ビッグシルエットのカジュアルなプルオーバーも、ブラックの分量が多いとクールな印象に。首もとがあいていないボートネックでドロップショルダーのものを選ぶと、デコルテまわりの骨感や肩幅が目立ちにくく、曲線的なやわらかいラインを演出できます。

Tops /
marvelous by Pierrot

カジュアルなボーダーも
クールに早変わり

鉄則

ブラックのマキシワンピース

ゆったりシルエットのマキシ丈ワンピースは、重心がしっかり下がってスタイルアップ効果抜群。胸もとのギャザーがスリムな体にさりげなくボリュームをプラスしてくれます。ブラックは冬タイプだけが似合う色。ホワイトやグレーの小物で抜けをつくるとおしゃれに。Tシャツをなかに着ると、抜けと立体感が簡単に生まれ、鎖骨の強さも目立ちにくくなります。

One piece /
marvelous by Pierrot

黒は私を
最高に美しくする

鉄則

3

チャコールグレーのワイドパンツ

チャコールグレーのセンタープレス入りパンツは、きちんと感がほしいときにカッコよくはける、おすすめボトムス。厚手でかたい天然素材が得意なナチュラルタイプですが、冬×ナチュラルタイプは厚さがあれば少しきれいめの素材も似合います。ゆとりのあるワイドシルエットとタック入りデザインを選び、すらりとした脚や腰まわりをソフトに盛ってさらにこなれた雰囲気に。

Pants /
UNIQLO（編集部私物）

フォーマル感は
ハンサムに演出する

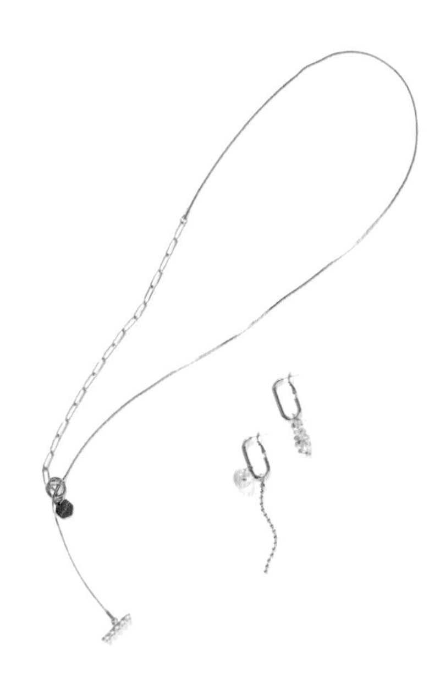

鉄則 4

シルバーのアシンメトリーピアス
シルバーのチェーンネックレス

本来ナチュラルタイプにはマットな質感がなじみますが、クリアな色が得意な冬タイプの場合、顔まわりにくるアクセサリーはシャープに輝くシルバーカラーを選んで。おすすめは、耳から下がるタイプのアシメピアスと、みぞおち～おへその長さのチェーンネックレス。存在感のある個性的なアクセサリーでエレガンスを足すと、ハンサムなファッションがグッと魅力的に。

Necklace,
Earrings / sorbet

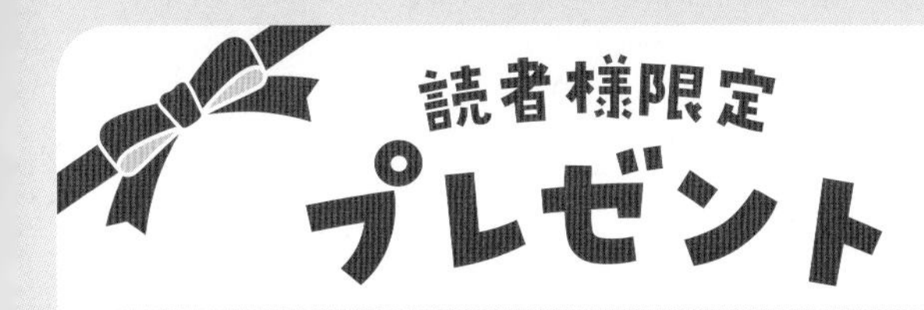

パーソナルカラー×骨格診断別 似合わせBOOK

海保麻里子:著

特別無料 動画配信

著者でカラリストの海保麻里子先生が、
骨格タイプ別のおすすめブランドを
ご紹介します。

LINE登録するだけ！

【動画の視聴方法】

**サンクチュアリ出版の公式LINEを
お友だち登録した後、トーク画面にて、
似合わせBOOK
と送信してください。**

自動返信で、視聴用のURLが届きます。
動画が届かない、登録の仕方がわからないなど不明点がございましたら、
kouhou@sanctuarybooks.jpまでお問い合わせください。

切手を
お貼り下さい

113-0023

東京都文京区向丘2-14-9

サンクチュアリ出版

『パーソナルカラー冬×骨格診断ナチュラル
似合わせBOOK』

読者アンケート係

ご住所　〒□□□-□□□□	
TEL※	
メールアドレス※	
お名前	男・女 （　歳）
ご職業 1 会社員　2 専業主婦　3 パート・アルバイト　4 自営業　5 会社経営　6 学生　7 その他	
ご記入いただいたメールアドレスには弊社より新刊のお知らせやイベント情報などを送らせていただきます。 希望されない方は、こちらにチェックマークを入れてください。	メルマガ不要 □

ご記入いただいた個人情報は、読者プレゼントの発送およびメルマガ配信のみに使用し、
その目的以外に使用することはありません。

※プレゼント発送の際に必要になりますので、必ず電話番号およびメールアドレス、
両方の記載をお願いします。

弊社HPにレビューを掲載させていただいた方全員にAmazonギフト券（1000円分）をさしあげます。

『パーソナルカラー冬×骨格診断ナチュラル　似合わせBOOK』
読者アンケート

本書をお買上げいただき、まことにありがとうございます。
読者サービスならびに出版活動の改善に役立てたいと考えておりますので
ぜひアンケートにご協力をお願い申し上げます。

■本書はいかがでしたか？　該当するものに○をつけてください。

最悪	悪い	普通	良い	最高
★	★★	★★★	★★★★	★★★★★

■本書を読んだ感想をお書きください。

※お寄せいただいた評価・感想の全部、または一部を（お名前を伏せた上で）弊社HP、広告、販促ポスターなどで使用させていただく場合がございます。あらかじめご了承ください。

▼ こちらからも本書の感想を投稿できます。 ▶

https://www.sanctuarybooks.jp/review/

弊社HPにレビューを掲載させていただいた方全員にAmazonギフト券（1000円分）をさしあげます。

シルバーの存在感に負けない
華やかな魅力

鉄則

5

華やかカラーの洗練メイク

ちょっと派手に感じる色も華やかに映えるのが冬タイプ。肌の透明感を引き出してくれるのは、パープル系、ショッキングピンク系、ワインレッド系などの青みカラー。ブラウン系は黄みではなく赤みのある色を選びましょう。目もとにラメを使うなら、細かくて上品なシルバー系を。リップも少しツヤ感のあるタイプだとエレガントに仕上がります。

アイシャドウ /
ADDICTION アディクション
ザ アイシャドウ パレット 002
Everlasting Lilac エバーラスティング ライラック
チーク /
ADDICTION アディクション
ザ ブラッシュ 012M Kiss the Night（M）キス ザ ナイト
リップ /
KATE リップモンスター 06
2:00AM

青みカラーで引き出す
スタイリッシュな透明感

冬×ナチュラルはどんなタイプ？

カッコいい自分をとことん貫こう

冬タイプの華やかな顔立ちと、ナチュラルタイプのスタイリッシュな体をもちあわせた冬×ナチュラルタイプ。モノトーンやコントラストの強い配色を、ゆったりとしたシルエットで気張らずに着こなせます。カジュアルアイテムでも少しきれいめの素材を選ぶと、冬×ナチュラルタイプらしい抜けのあるモード系ファッションに。

イメージワード

カッコいい、モード、ハンサム、ダンディ

冬×ナチュラルタイプの有名人

天海祐希、中谷美紀、山田優、杏

（※写真での診断によるものです）

冬タイプの特徴

- ブルーベース、低明度、高彩度、クリア
- シャープでビビッドな色が似合う
- 真っ白、黒、グレーのモノトーンが似合う

ナチュラルタイプの特徴

- 手足が長くフレーム感のある体
- ゆったりとしたラフなアイテムが似合う

似合う色、苦手な色

冬タイプに似合う色

真っ黒な髪や瞳がシャープな印象の冬タイプ。顔立ちも華やかな方が多く、その雰囲気に負けないくらいのビビッドカラーやモノトーン、コントラストの強い配色が似合います。

ナチュラルタイプの方には、ロイヤルブルーやトゥルーグリーン、レッドがとくにおすすめです。

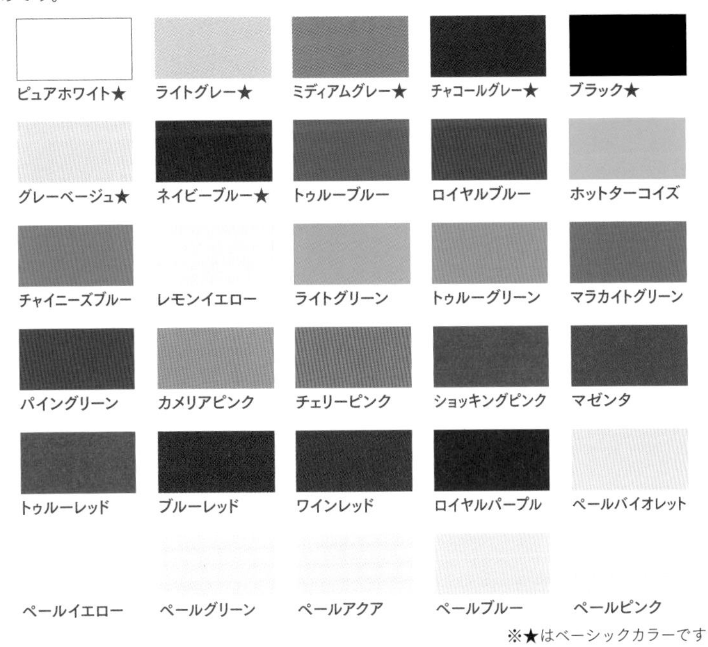

※★はベーシックカラーです

冬タイプが苦手な色

濁りのある色は、透明感のある肌に見えにくく苦手です。ライトオレンジやゴールドなど黄みの強い色も、髪や瞳の色とぶつかって浮いてしまったり、顔に赤みが出てしまいあか抜けて見えなかったりします。

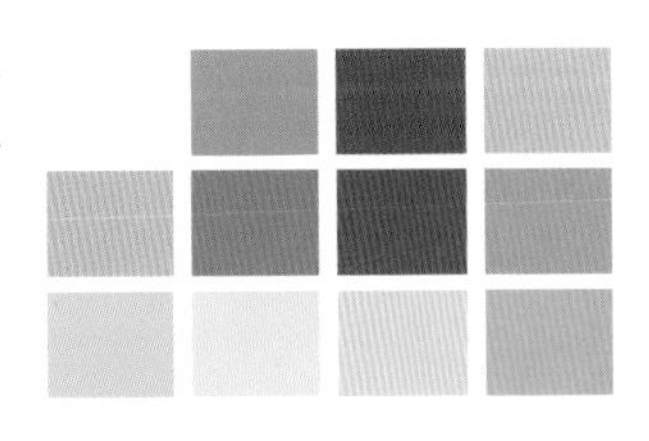

色選びに失敗しないための基礎知識

色の「トーン」のお話

実際に服やコスメを選ぶときは、39ページの似合う色のカラーパレットと照らし合わせると選びやすいと思います。

ここからは、「カラーパレットにない色を選びたい」「似合う色を自分で見極められるようになりたい」という方のために、ちょっと上級者向けの色のお話をしますね。

下の図は、色を円環状に配置した「色相環（しきそうかん）」という図です。これは、赤・緑・青などの「色相」（色味の違い）を表しています。この色相環をもとに、ベースの色味が決まります。

ただ、色の違いは色相だけでは説明できません。同じ赤でも、明るい赤や暗い赤、鮮やかな赤やくすんだ赤があるように、色には「明度」（明るさ）や「彩度」（鮮やかさ）という指標もあります。

明度や彩度が異なることによる色の調子の違いを「トーン」と呼んでいます。右ページ下の図は、色相とトーンをひとつの図にまとめたもの。

「ビビッド」は純色と呼ばれる、最も鮮やかな色。そこに白を混ぜていくと、だんだん高明度・低彩度に。黒を混ぜていくと、だんだん低明度・低彩度になります。

白か黒を混ぜるだけでは色は濁らずクリア（清色）ですが、グレー（白＋黒）を混ぜるとマット（濁色）になります。

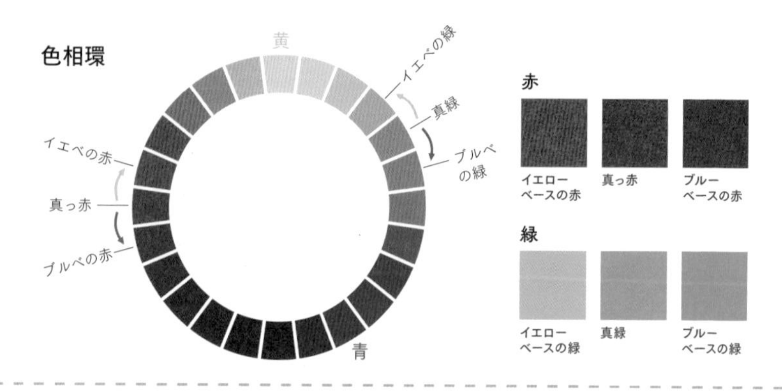

クラブS
会員さまのお声

読みやすい本ばかりで
どの本も面白いです。

会費に対して、
とてもお得感が
あります。

電子書籍読み放題と、新刊以外
にも交換できるのがいいです。

サイン本もあり、
本を普通に購入
するよりお得です。

来たり来なかったりで気長に
付き合う感じが私にはちょうど
よいです。ポストに本が入って
いるとワクワクします。

自分では買わないであろう本を読ん
で新たな発見に出会えました。

オンラインセミ
ナーに参加して、
新しい良い習慣
が増えました。

何が届くかわからないわくわく感。
まだハズレがない。

本も期待通り面
白く、興味深いも
のと出会えるし、
本が届かなくて
も、クラブS通信
を読んでいると
楽しい気分にな
ります。

読書がより好きになりました。普段購
入しないジャンルの書籍でも届いて
読むことで興味の幅が広がりました。

自分の心を切り開く本に出会いまし
た。悩みの種が尽きなかったのに、
そうだったのか！！！ってほとんど悩
みの種はなくなりました。

サンクチュアリ出版の主な書籍

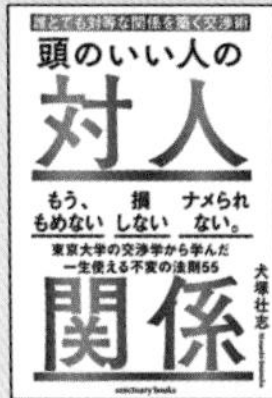

頭のいい人の対人関係
誰とでも対等な
関係を築く交渉術

東大生が日本を
100人の島に例えたら
面白いほど経済がわかった！

なぜか感じがいい人の
かわいい言い方

貯金すらまともにできていま
せんが　この先ずっとお金に
困らない方法を教えてください！

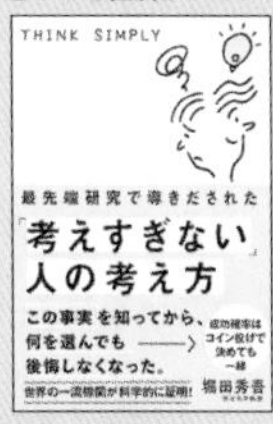

考えすぎない人
の考え方

相手もよろこぶ 私もうれしい
オトナ女子の気くばり帳

ぜったいに
おしちゃダメ？

カメラはじめます！

学びを結果に変える
アウトプット大全

多分そいつ、
今ごろパフェとか
食ってるよ。

お金のこと何もわからないまま
フリーランスになっちゃいましたが
税金で損しない方法を教えてください！

カレンの台所

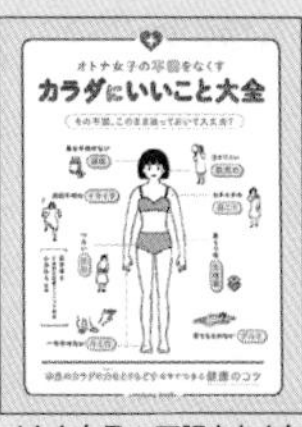

オトナ女子の不調をなくす
カラダにいいこと大全

図解 ワイン一年生

覚悟の磨き方
～超訳 吉田松陰～

サンクチュアリ出版 = 本を読まない人のための出版社

はじめまして。サンクチュアリ出版・広報部の岩田梨恵子と申します。
この度は数ある本の中から、私たちの本をお手に取ってくださり、
ありがとうございます。…って言われても「本を読まない人のための
出版社って何ソレ??」と思った方もいらっしゃいますよね。
なので、今から少しだけ自己紹介させてください。

ふつう、本を買う時に、出版社の名前を見て決めることって
ありませんよね。でも、私たちは、「サンクチュアリ出版の本だから
買いたい」と思ってもらえるような本を作りたいと思っています。
そのために"1冊1冊丁寧に作って、丁寧に届ける"をモットーに
1冊の本を半年から1年ほどかけて作り、少しでもみなさまの目に
触れるように工夫を重ねています。

そうして出来上がった本には、著者さんだけではなく、編集者や
営業マン、デザイナーさん、カメラマンさん、イラストレーターさん、書店さんなど
いろんな人たちの思いが込められています。そしてその思いが、
時に「人生を変えてしまうほどのすごい衝撃」を読む人に
与えることがあります。

だから、ふだんはあまり本を読まない
人にも、読む楽しさを忘れちゃった人たち
にも、もう1度「やっぱり本っていいよね」
って思い出してもらいたい。誰かにとって
の「宝物」になるような本を、これからも
作り続けていきたいなって思っています。

冬タイプに似合う色のトーンは？

個人差はありますが、下のトーン図でいうと、v（ビビッド）、dp（ディープ）、dk（ダーク）、p（ペール）などが冬タイプに似合いやすい色。このなかでも青みのある色を選べばOKです（無彩色も得意です）。

彩度が高いビビッドカラーを身につけると華やかに、明度が高く彩度が低いシャーベットカラーは洗練された雰囲気になります。

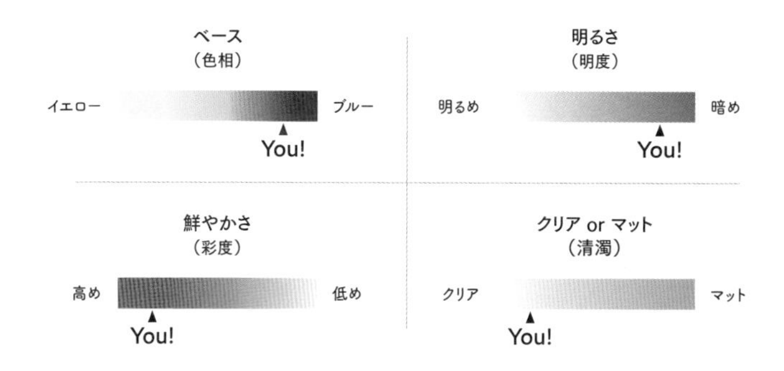

トーン図

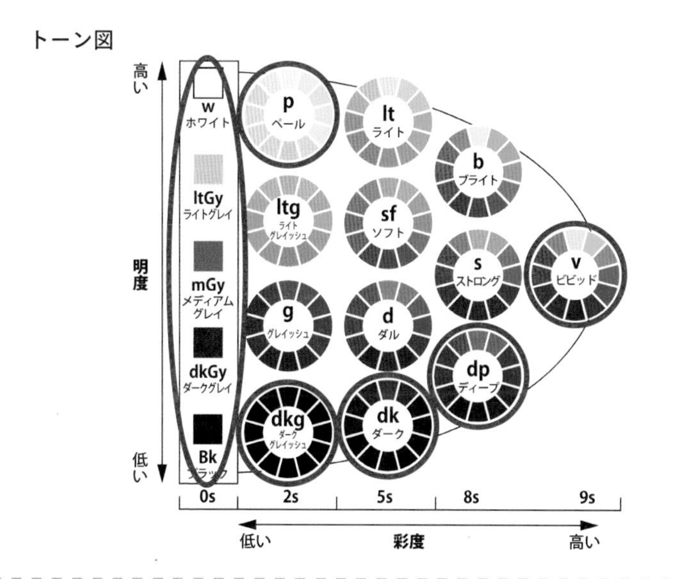

第一印象は「フォーカルポイント」で決まる

フォーカルポイントとは？

おでこから胸もとまでの約30cmのゾーンを「フォーカルポイント」（目を引く部分）といいます。私たちは人と対面するとき、相手のフォーカルポイントを見てその人がどんな人かを無意識に判断しています。

つまり、顔だけでなく「服のネックライン」までもが第一印象を左右するということ。

「似合う」を手軽に、でも確実に手に入れるためには、顔まわりにパーソナルカラーをもってくることと同時に、服のネックラインにこだわることがとても大切なんです。

似合うフォーカルポイントのつくり方

似合うネックラインと、苦手なネックライン。それは、骨格タイプによって決まります。

ナチュラルタイプの方は首が長くしっかりしていて、鎖骨も大きめ。ネックラインが大きくあいていると、首の長さや骨の存在感が強調されすぎてしまうので、ネックラインのあいていない服がおすすめです。

ナチュラルタイプに似合うネックラインは、ラウンドネックや少し襟の高いモックネック。シャツを着るときはボタンを上までとめるか、第1ボタンだけあけて抜き襟にします。

首がすっぽり包まれる、ゆったりとしたタートルネックも◎。首が長いナチュラルタイプだからこそカッコよく決まるアイテムです。

肉感をあまり感じないスタイリッシュな体には、重ね着で立体感を出す足し算コーデもよく似合います。ネックラインがあいているときは、あきの小さい服を下にレイヤードしておしゃれに調整するというテクニックも。

小さいフリルやリボンは骨格の強さとマッチしにくいため、襟や胸もとに装飾のある服を着る場合は、大きめのディテールのものを選ぶとしっくりきます。

ネックラインのほか、フォーカルポイントに近いスリーブ（袖）ラインも、肩まわりや二の腕の印象に影響を与えます。ネックラインに加えて意識するとさらに効果的！

フードつきパーカで、ネックラインが上がって
首の長さが強調されない！
冬タイプに似合う真っ白でクールに。

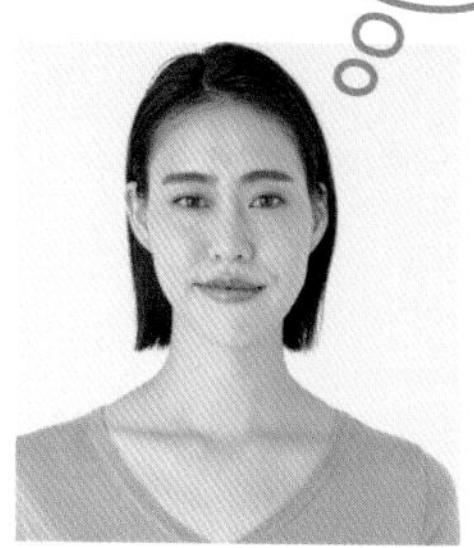

首もとが縦に大きくあいていると、
首の長さや骨っぽさが目立つ。
黄みの強い色、薄手の素材も苦手。

［冬×ナチュラルタイプ］似合うネックライン

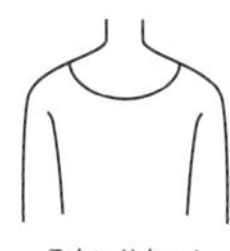
ラウンドネック

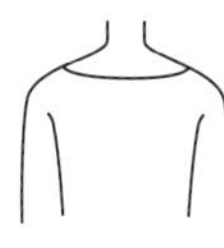
ボートネック

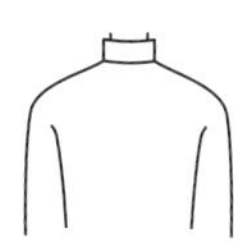
タートルネック

オフタートル

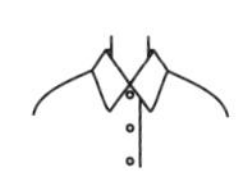
シャツカラー

［冬×ナチュラルタイプ］似合うスリーブライン

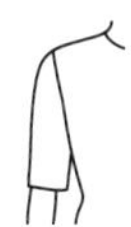
半袖

ロールアップスリーブ

ケープレッドスリーブ

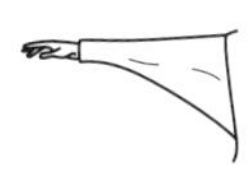
ドルマンスリーブ

体の質感でわかる、似合う素材と苦手な素材

厚手の天然素材が似合うナチュラルタイプ

骨格診断でわかるのは、似合うファッションアイテムの「形」と「素材」。形だけでなく素材もまた、似合う・似合わないを決める重要なポイントです。

ナチュラルタイプは、筋肉や脂肪より骨の強さや大きさが目立ち、肌質はマットな方が多いタイプ。骨感を包み込むような風合いのある素材や、厚手の素材が似合います。

たとえば、麻や綿などの天然素材は大得意。とくに、しわ加工が施されたものや、オックスフォード生地のように表面に凹凸のあるものは、骨格や肌質にマッチしてこなれた雰囲気に。

デニム、コーデュロイ、ブリティッシュツイードなどの厚手でかための素材も◎。冬に着たいムートンやダウンのジャケットも、ナチュラルタイプなら着太りせずさらっと着こなせます。冬×ナチュラルタイプは、厚手でややきれいめな素材をチョイスすると、顔の印象とマッチします。

ニットを着るときは、ざっくりと編まれたローゲージニットを。服のなかで体が泳ぐくらいのオーバーサイズを選ぶと、ほどよいボリュームとラフ感が出ておしゃれに決まります。

体の質感と合いにくいのはどんな素材？

同じ厚みのある素材でも、パリッとした綿シャツやギャバジン生地のトレンチコートなど、フラットな素材はちょっと苦手。骨感や体の細さが強調され、寂しく物足りない印象になります。

また、シフォンやポリエステルなどの薄い素材、モヘアなどのやわらかい素材、エナメルなどの光沢がある素材も、骨格や肌質にあまりマッチしません。

体にお肉がついていない方が多いので、薄い素材やジャストフィットの服のほうがその体型をいかせるのではないか、と思うかもしれません。

じつは、体のラインが出やすい服は骨の強さや大きさも拾ってしまうので、全体的に骨ばった印象やたくましい印象になりがち。ラフな厚手の素材をゆったりシルエットで着る、これがナチュラルタイプをよりすてきに見せる鉄則です。

ナチュラルタイプに似合う素材

麻

ブリティッシュツイード

コットン

ウール

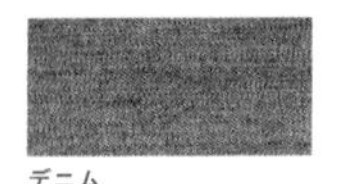

デニム

革

ナチュラルタイプに似合う柄

タータンチェック

エスニック

ストライプ

ボーダー

ボタニカル

迷彩

重心バランスを制すると、
スタイルアップが叶う

自分の体の「重心」はどこにある？

骨格タイプごとにさまざまな体の特徴がありますが、大きな特徴のひとつに「重心」の違いがあります。骨格診断でいう重心とは、体のなかでどこにボリュームがあるかを示す言葉。

ストレートタイプは、胸もとに立体感がありバストトップの高い方が多いので、横から見るとやや上重心ですが、基本的に偏りはなく「真ん中」。

ウェーブタイプは、バストトップや腰の位置が低く、腰の横張りがある「下重心」。

ナチュラルタイプは、肩幅があって腰の位置が高く、腰幅の狭い「上重心」の方が多いです。

自分の体の重心がどこにあるかを知り、服や小物で重心を移動させてちょうどいいバランスに調整する。これが、スタイルアップの秘訣です！

ナチュラルタイプに似合う重心バランス

重心バランスを調整するためにまずチェックしたいのが、「ウエスト位置」と「トップスの着丈」。ナチュラルタイプは上重心の方が多いため、重心を下げるアイテムや着こなしを選ぶとバランスが整います。

ウエスト位置はローウエスト。トップスの着丈は、腰骨が隠れる丈からロング丈までOK。基本的にトップスはボトムスにインせずに着るか、長すぎる場合は前だけインしてラフにブラウジングします。

オーバーサイズのトップスやロングカーディガンに、マキシ丈のスカートを合わせてさらに重心を下げても、ナチュラルタイプならむしろプロポーションが整ってスタイルアップして見えます。

重心バランスには、服だけでなく小物も関係します。

バッグは、もつ位置によって重心を上下させることが可能。ナチュラルタイプは大きめのバッグを手からさげてもつと重心が下がります。

靴は、ボリュームによって重心を上下させます。ナチュラルタイプは、厚底やチャンキーヒール、ハイカットなど、ボリュームのある靴が得意。

ネックレスの長さも抜かりなく！　みぞおち～おへそ程度の長めのネックレスを身につけると好バランスです。

結論！
冬×ナチュラルタイプに似合う
王道スタイル

メリハリ配色の
ラフ&カジュアル
スタイル

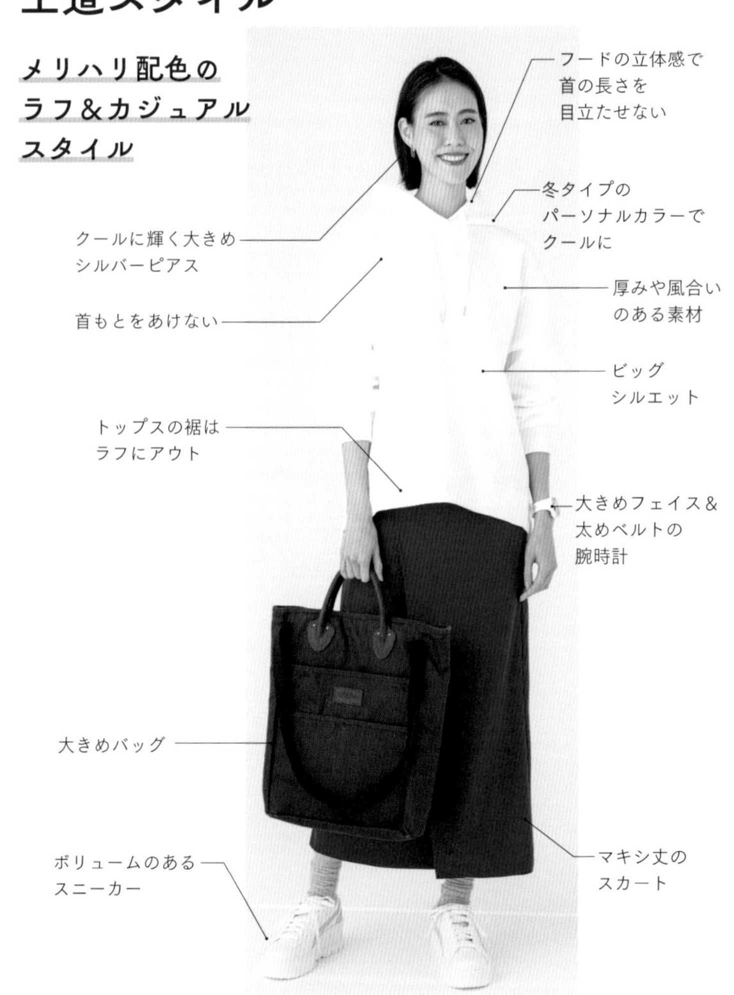

パーソナルカラーと骨格診断に合っていないものを着ると……

黄みの強い色は、顔色が黄ぐすみする原因

首もとが縦にあいていて、首の長さや骨っぽさが目立つ

薄手のやわらかい素材が骨格の強さを強調

膝上スカートで重心が上がってバランスがイマイチ

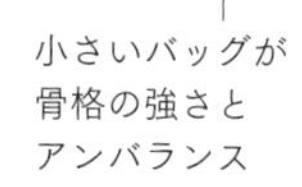

小さいバッグが骨格の強さとアンバランス

苦手はこう攻略する！

Q. 苦手な色のトップスを着たいときは？

A1. セパレーションする

苦手な色を顔から離す方法が「セパレーション」。首もとに似合う色のネックレスやスカーフをするなど、似合う色を少しでも顔まわりにもってくることが大切。セパレーションが難しいタートルネックは似合う色を選ぶことをおすすめします。

A2. メイクは似合う色にする

メイクの色は顔に直接的な影響を与えます。苦手な色のトップスの影響を和らげるには、アイシャドウ・チーク・リップを似合う色で徹底！

Q. 明るい色のトップスを着たいときは？

A. 淡いペールカラーを選ぶ

冬タイプの場合、中途半端なパステルカラーは甘くなりすぎて、あまり得意ではありません。明るい色を着たいときは純白か、パステルカラーよりワントーン明るい淡いペールカラーを選ぶと、お肌に透明感が出てすっきり見えます。

Q. シックなスモーキーカラーを着たいときは？

A. グレーを選ぶ

濁りのある色は地味に見えやすく苦手な冬タイプ。でも、白と黒だけを混ぜてできるモノトーンのグレーなら、ライトグレーからチャコールグレーまで、どの明るさでもよく似合います。フェイスラインがすっきりして洗練されます。

冬×ナチュラルタイプのベストアイテム12

ここからは、冬×ナチュラルタイプの方におすすめしたいベストアイテム12点をご紹介。冬×ナチュラルタイプの魅力を最大限に引き出してくれて、着まわし力も抜群のアイテムを厳選しました。

これらのアイテムを使った14日間のコーディネート例もご紹介するので、毎日の着こなしにぜひ活用してください。

BEST ITEM 1

ホワイトのTシャツ

カジュアルスタイルに欠かせないTシャツは、冬タイプがとても得意なピュアホワイト（真っ白）を。厚手の生地で、ウエストの絞りのないビッグシルエットが似合います。ロゴはブラックなどの暗い色で、大きめ＆太めのフォント。

T-shirt / KOBE LETTUCE

BEST ITEM 2

ホワイトのシャツ

ウエストに絞りのないメンズライクなオックスフォードシャツは、骨格の強さを和らげてボディをソフトに見せてくれます。冬×ナチュラルタイプは、しわが強すぎない少しきれいめな厚手生地を。Tシャツと同じく真っ白が◎。

Shirt / UNIQLO(編集部私物)

BEST ITEM 3

ブラックのボーダープルオーバー

1枚でも重ね着でも使えるプルオーバー。ブラックの分量が多いボーダー柄は、カジュアルながらもクールで落ち着いた印象に。ゆったりとしたシルエットでドロップショルダー、ネックラインがあきすぎていないものを。

Tops / marvelous by Pierrot

BEST ITEM 4

ロイヤルブルーのマキシスカート

冬タイプの得意な鮮やかな色は、モノトーンと合わせやすく組み合わせの幅が広がります。タイトすぎないゆとりのあるストレートシルエット、重心が下がるマキシ丈のスカートで、スカートスタイルもカッコよく決めて。

Skirt / KOBE LETTUCE

BEST ITEM 5

チャコールグレーのワイドパンツ

生地に厚みのあるワイドシルエットのパンツは、腰やお尻や脚の骨感をカバーしてソフトな印象に。丈はフルレングスで長さと重さをしっかり出します。チャコールグレーはどの冬カラーとも合わせやすく、きちんと感の出る色。

Pants / UNIQLO（編集部私物）

BEST ITEM 6

ブラックのマキシワンピース

マキシ丈がよく似合うナチュラルタイプ。布をたっぷり使ったリラックス感のあるシルエットと、胸もとのギャザーでボリュームをプラス。ブラックの面積が多くても、冬タイプなら色に負けずモードに着こなせます。

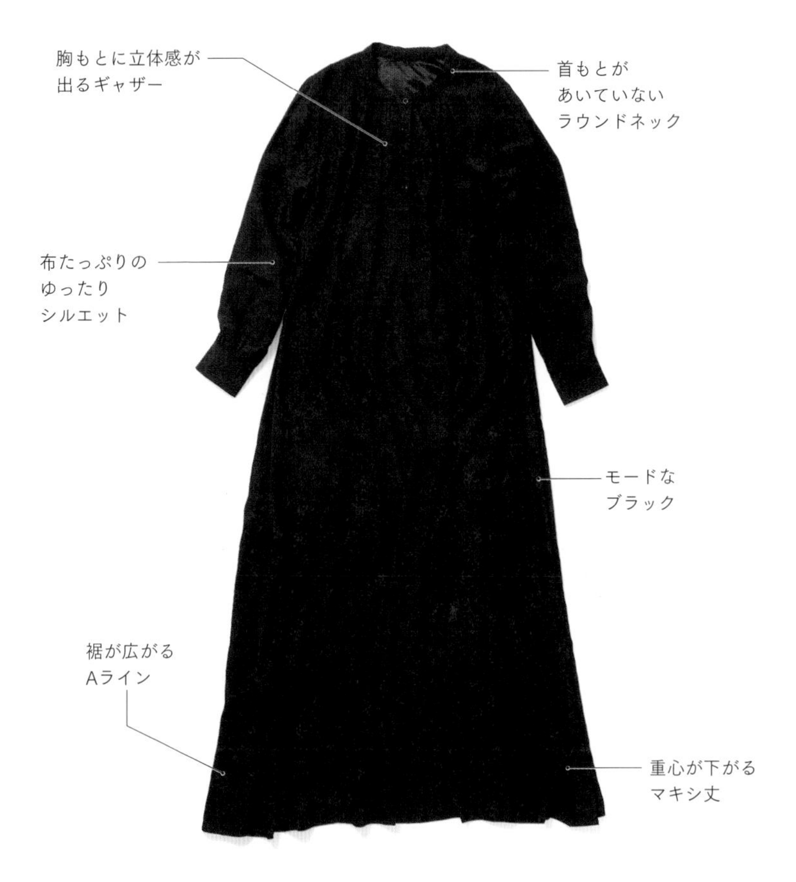

One piece / marvelous by Pierrot

BEST ITEM 7

チャコールグレーのジャケット

メンズライクなダブルジャケットがカッコよく決まるのはナチュラルタイプの特権。身幅も袖もゆったりしていて、腰が隠れるくらいの長めの着丈が好バランス。暗めのグレーで思いきりクールに。

Jacket / marvelous by Pierrot

BEST ITEM 8

ブラックのミリタリージャケット

アメリカ空軍のフライトジャケット、MA-1。カジュアルな印象が強いですが、ブラックを選ぶとクールになり、きれいめのコーディネートにもおしゃれにマッチ。ショート丈アウターの場合、ボトムスで長さや重さを出すと◎。

Blouson / WEGO

BEST ITEM 9

ブラックのキャンバストート

バッグを選ぶときは、骨格の強さに合う大きめサイズでラフな形のものを。ブラックのキャンバス地にレザーハンドルがついたトートバッグは、きれいめカジュアルが似合う冬×ナチュラルタイプにぴったり。

Bag / L.L.Bean

BEST ITEM 10

ブラックのローファー

靴も骨格に合わせてボリュームのあるものを。重心を下げる役目も担ってくれます。厚みのあるタンクソールのローファーは、足もとがキリッと引き締まるブラックで。シルバーのバックルがクールなアクセントに。

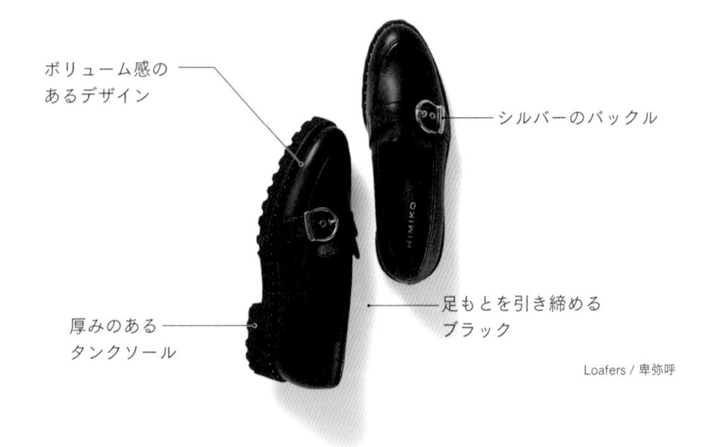

Loafers / 卑弥呼

BEST ITEM 11

シルバーのアシンメトリーピアス
シルバーのチェーンネックレス

華やかな顔立ちと強い骨格には、大きめで個性的なアクセサリーがマッチ。ピアスやイヤリングは、左右非対称で耳から下がるデザイン。ネックレスはみぞおち～おへその長さで、太めのチェーンとやや直線的な辛口デザインが◎。

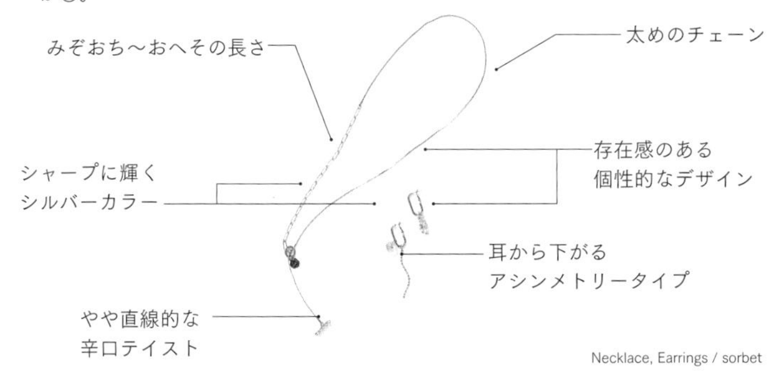

Necklace, Earrings / sorbet

BEST ITEM 12

キャンバスベルトの腕時計

手首をさりげなく飾る腕時計も、機能性だけでなく色や形にこだわってコーディネートを楽しみましょう！　冬×ナチュラルは、ブラックのキャンバスベルトに、光沢の少ないシルバーメタルがおすすめ。フェイスは大きめで。

Watch / 編集部私物

冬×ナチュラルタイプの

着まわしコーディネート 14Days

自分に本当に似合うものを選ぶと、「最小限のアイテム」で「最高に似合うコーディネート」をつくることができるようになります。

先ほどのベストアイテム12点をベースに、スタイリングの幅を広げる優秀アイテムをプラスして、冬×ナチュラルタイプに似合う14日間のコーディネート例をご紹介します。

BEST ITEM

① ホワイトのTシャツ

② ホワイトのシャツ

③ ブラックのボーダープルオーバー

④ ロイヤルブルーのマキシスカート

⑤ チャコールグレーのワイドパンツ

⑥ ブラックのマキシワンピース

⑦ チャコールグレーのジャケット

⑧ ブラックのミリタリージャケット

⑨ ブラックのキャンバストート

⑩ ブラックのローファー

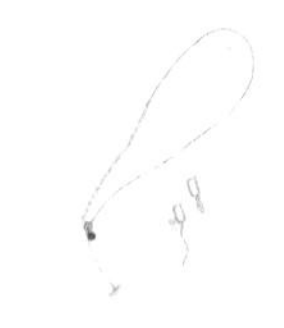

⑪ シルバーのアシンメトリーピアス／シルバーのチェーンネックレス

⑫ キャンバスベルトの腕時計

PLUS ITEM

A ホワイトのプルオーバー
Tops / UNIQLO（編集部私物）

B ホワイトのパーカ
Hoodie / GU（編集部私物）

C ライトグレーのラップカーディガン
Cardigan / marvelous by Pierrot

D トゥルーレッドのアランニット
Knit / 編集部私物

E インディゴデニムのワイドパンツ
Jeans / UNIQLO（編集部私物）

F チャコールグレーのロングコート
Coat / marvelous by Pierrot

PLUS ITEM 小物

バッグ

Bag（グレーかご）/ Trysil、（グリーン、黒リュック）/ 編集部私物、（黒トート）/ L.L.Bean

靴

Sandals（黒スポサン）/ KOBE LETTUCE、（白）/ welleg、Sneakers（白）/ PUMA（編集部私物）、（黒）/ ACHILLES SORBO、Boots / 卑弥呼

アクセサリー

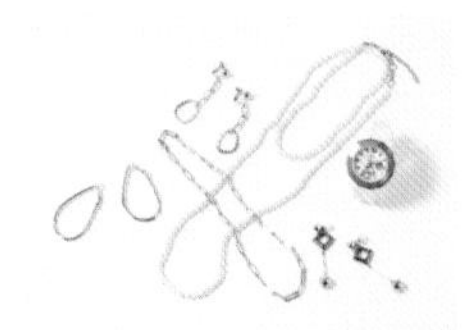

Earrings（左いびつフープ）/ LAKOLE（編集部私物）、（上チェーン）/ 編集部私物、（下菱形ぶら下がり）/ objet sayoko、Necklace（チェーン）/ Showkey、（パール）/ 著者私物、Watch / BABY-G

メガネ・サングラス

Sunglasses,Glasses / Zoff

そのほかの小物

Stole（グレーチェック）/ marvelous by Pierrot、（ホワイトリネン）/ 編集部私物、（グリーンチェック）/ estää、Cap / 編集部私物

Day1

王道の色合わせ、
無彩色×ビビッドカラー

無彩色のホワイト×鮮やかなロイヤルブルーは彩度差が最大で、コントラストの強い配色が似合う冬タイプの王道コーディネート。カジュアルなアイテムでもすっきり見え、ブラックのバッグを入れることでさらにモダンな印象に。ストールのブルーとグリーンはスカートと同系色。服の色を拾って小物でとり入れると、まとまりのあるアクセントになります。

4+9+11+B

黒を潔く着て
オープンテラスカフェへ

Day2

同じコントラスト配色でも、ブラック×ホワイトは明度差が最大の組み合わせ。ブラックのマキシワンピースを主役に、ホワイトを少しずつちりばめた粋な着こなしは、冬×ナチュラルならでは。揺れるシルバーピアス、ヌーディーなトングサンダルなどエレガントな小物を合わせることで、クールななかにも華が生まれて魅力が一段とアップ。

①+⑥+⑫

Day3

友人と会う日の
気軽なカジュアルスタイル

1枚でもおしゃれなボーダープルオーバーですが、下にモックネックプルオーバーを着ると、首もとや裾から覗くホワイトが絶妙な抜けを演出。ネックラインの引き上げやボディのボリュームアップも叶う、おすすめのレイヤードです。深いインディゴデニムを合わせて落ち着いた印象にしたら、ソフトな風合いのキャップ、鮮やかなグリーンのバッグで遊び心を。

③+⑪+A+E

Day4

清涼感のあるホワイト×ロイヤルブルーでつくるクールカジュアル。Tシャツはスカートにインせず重心を下げます。サングラス、Tシャツのロゴ、サンダルで少量ずつブラックをちりばめると、全体が引き締まってこなれた雰囲気に。無彩色とビビッドカラーのコーディネートにあえてニュアンスのある色のバッグを合わせて、少しシックに仕上げるのもおすすめ。

❶+❹

クールカジュアルで
新しいギャラリーを覗く

Day5

ブラックのマキシワンピースにホワイトのパーカを重ねて、ナチュラルタイプが得意なレイヤードスタイルに。リラクシーなワンピースもカジュアルアイテムを合わせると表情が変わり、新鮮な着こなしを楽しめます。小物もすべてモノトーンでまとめ、スタイリッシュな大人のカジュアルに仕上げて。キャップのチャコールグレーがブラックとホワイトのつなぎ役に。

❻+⓫+B

モノトーンコーデで
ライブハウスに寄り道

ダンディな
ジャケットスタイルに華を

Day6

Tシャツとデニムにダブルジャケットを合わせ、袖口をラフにまくると、大人の余裕を感じさせる着こなしに。チャコールグレー×ダークネイビーの落ち着いた配色に、ホワイトのインナーを挟んでメリハリをつけています。色味の少ないコーディネートには、ビビッドカラーのバッグをアクセントで入れて華やかに。リネンストールでやさしさもプラス。

1+7+10+12+E

Day7

名作のリバイバル上映を
リラクシーに楽しむ

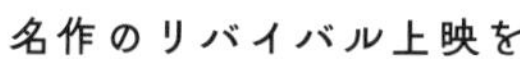

マキシワンピースにラップカーディガンを合わせたリラクシーなコーディネート。暗めのグレーはシックなイメージですが、明るいグレーはやわらかく上品な雰囲気を演出します。鮮やかなブルー×グリーンのストールがアクセントに。黒縁メガネ、サイドジッパーのショートブーツなど、辛口小物も冬×ナチュラルなら難なくクリア。ぜひ気軽にとり入れてみて。

6+C

Day8

やる気を出したい日は華やかレッドが主役

レッドは情熱の色。自分を奮い立たせたい日は、トゥルーレッド(真っ赤)のアランニットを主役にして。ゆとりのあるタートルネックとざっくりしたアラン模様が、体のフレーム感をちょうどよく包み込んでくれます。ボトムスには、レッドの反対色で彩度差の大きいネイビーを。ブラック×ホワイトのストールも添えて、メリハリのある華やかカジュアルに。

⑩+⑫+D+E

モノトーンを
ハンサムに着て
書店で資料探し

Day9

ボーダープルオーバー×ワイドパンツのモノトーンコーデは、暗い色の分量が多いためハンサムな雰囲気に。なかに着たホワイトのTシャツを裾からチラ見せすると、トップスとボトムスの暗い色同士がうまくまとまります。トートとスニーカーもホワイトで抜けを演出。少しエレガントにしたいときは、チャンキーヒールのパンプスを合わせてもおしゃれ。

①+③+⑤+A

Day10

親戚との食事会に
着ていきたい上品配色

王道の無彩色×ビビッドカラーも、ライトグレーの面積を増やすとグッと上品に。ライトグレーとロイヤルブルーの配色もまた、知性と品格が感じられるおすすめの組み合わせです。きちんとしたシーンにぴったり。ブラックのキャンバストートとローファーで全体を引き締めたら、存在感のあるシルバーアクセサリーで繊細な輝きを添えて。

④+⑨+⑩+⑪+A+C

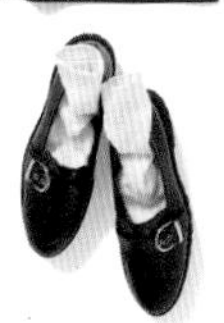

こなれたセットアップで
展示会へ

Day11

チャコールグレーのジャケットとパンツをセットアップづかいして、思いきりシックに。シャツの裾はアウトしてボーダープルオーバーを重ねるなど、ジャケットスタイルをあえて着崩して、冬×ナチュラルらしいこなれ感を出します。アクセントには鮮やかなグリーンのバッグを。仕上げにバロックパールのロングネックレスでやさしい輝きを添えるのがおすすめ。

②+③+⑤+⑦+⑩

Day12

子どもとの時間は
“動けておしゃれ”が大事

反対色のトゥルーレッド(真っ赤)×ダークネイビーに、ブラックのMA-1をさらっと羽織ってカッコよく。ボリュームのあるアイテムを重ねても、ナチュラルタイプならより魅力的に。暗い色の面積が多いときは、ホワイトの小物で軽さをプラス。荷物がたっぷり入るトート、走れるボリュームスニーカーは、実用性がありつつスタイルアップも叶えてくれます。

⑧+⑫+D+E

モダン配色で スポーツ観戦デート

Day13

ブラック×ホワイトは、明度差が最大のコントラスト配色。そこに無彩色と彩度差が最大のロイヤルブルーを足して、モダンですっきりとしたコーディネートに。全体的にラフなシルエットで、リュックやボリュームスニーカーを合わせているので、カジュアルなムードもキープ。アクティブな予定も思いきり楽しめる、冬×ナチュラルタイプらしい着こなしです。

②+③+④+⑪

Day14 2つの表情を楽しめる グレー×レッドコーデ

チャコールグレーをベースカラー（定番色）にして、鮮やかなレッドをアクセントに。穏やかなコントラストがついたシックな着こなしです。コートを脱ぐとレッドが引き立ち、また違った雰囲気になるのもポイント。暗めのグレーを主役にするときは、「抜け」と「引き締め」が大事。カジュアルなホワイトのトートで抜けを、全体にちりばめたブラックで引き締め効果をプラスして。

⑤+⑩+⑫+D+F

Column

骨格診断がしっくりこない原因は「顔の印象」

ナチュラルタイプなのにカジュアルが似合わない!?

骨格診断をしていると、「体型はナチュラルなのに、ナチュラルのアイテムがしっくりこない」という方が時々います。その場合、考えられる理由は「顔の印象」と「パーソナルカラーがもつイメージ」とのギャップ。

たとえば、目鼻立ちがはっきりしていて、パーソナルカラーが冬タイプの方。シャープできれいめな色とデザインが似合うタイプなので、本来ナチュラルタイプに似合うはずのラフなアイテムが似合いにくいケースがあるのです。

パーソナルカラー診断では「似合う色」を、骨格診断では「似合う形と素材」を見極めますが、加えてサロンでおこなっているのが「似合うファッションテイスト」を見極める『顔診断』。

顔診断では、「顔の縦横の比率」「輪郭や顔のパーツが直線的か曲線的か」「目の形や大きさ」などにより、顔の印象を4つのタイプに分類します。

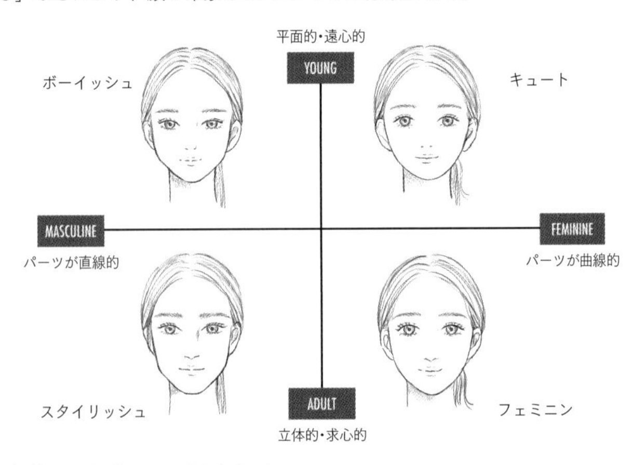

顔の印象に近づける、似合わせのコツ

ナチュラルタイプなのにナチュラルのアイテムが似合いにくいのは、大人顔の「スタイリッシュ」「フェミニン」タイプ。「スタイリッシュ」タイプの方は、顔まわりを直線的なデザインにして、素材を少しきれいめにするのがポイント。しわ加工の強いシャビーなものは避け、厚手できれいめの素材を選ぶとしっくりきます。

「フェミニン」タイプの方は、顔まわりを曲線的なデザインにして、素材を少しやわらかくするのがポイント。骨が長くても太くない方が多いタイプなので、フィット感もダボダボではなく、ややゆったり程度にするとちょうどいいです。

Chapter 2

なりたい自分になる、冬×ナチュラルタイプの配色術

ファッションを色で楽しむ配色のコツ

ファッションに色をとり入れるのはハードルが高くて、気がつけばいつも全身モノトーン……。そんな方も多いのではないでしょうか？

でも、自分のパーソナルカラーを知ったいまならチャレンジしやすいはず。ぜひ積極的に似合う色をとり入れて、バリエーション豊かな着こなしを楽しんでいただきたいなと思います。

この章からは、色のあるアイテムをとり入れるときに役立つ「配色」のコツをご紹介。

配色とは、2種類以上の色を組み合わせること。相性のいい色同士もあれば、組み合わせるとイマイチな色同士もあり、配色によって生まれる雰囲気もさまざまです。

すてきな配色に見せる基本ルールを知っておくと、なりたいイメージやシチュエーションに合わせて自在に色を操れるようになり、ファッションがもっと楽しくなります。

すてきな配色に見せるには

40ページで、色味の違いを「色相」、明度や彩度の違いを「トーン」と呼ぶとお伝えしました。配色で重要なのは、この「色相」と「トーン」の兼ね合いです。

- **色相を合わせるなら、トーンを変化させる。**
- **色相を変化させるなら、トーンを合わせる。**

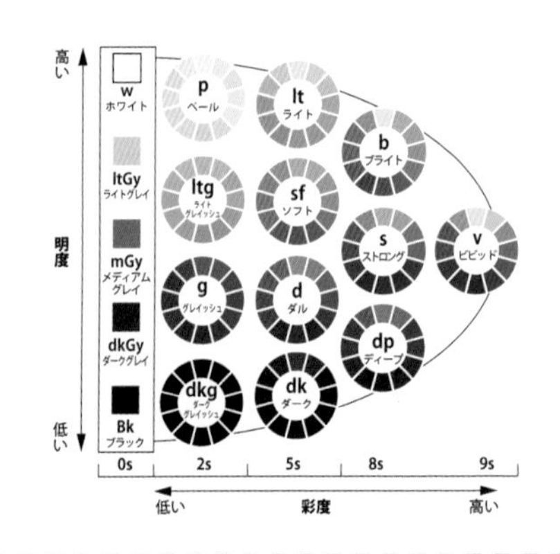

これが配色の基本セオリー。どういうことなのか、コーディネートに使える6つの配色テクニックとともにくわしく説明していきますね。

配色テクニック① 色相を合わせる

色相環で近い位置にある色同士（色味が似ている色同士）を組み合わせるときは、トーンを変化させます。たとえばブルー系の色同士を配色するなら、明度や彩度の異なるブルーを組み合わせる、といった感じ。色相を合わせる配色のことを「ドミナントカラー配色」といいます。

色相環で近い色味でまとめ、トーンは変化をつけて選択。

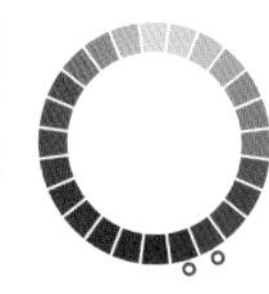

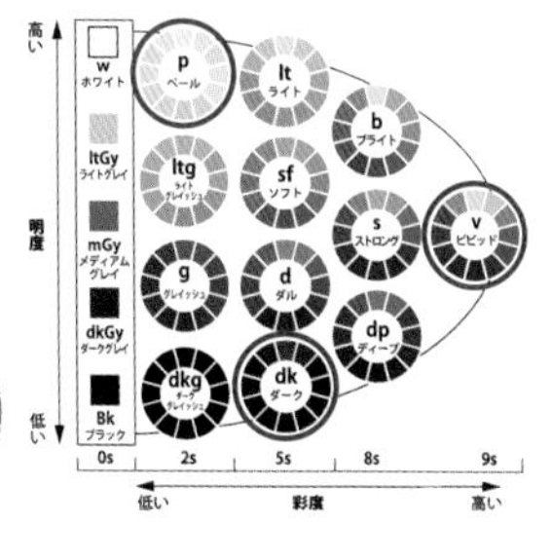

トーンオントーン

ドミナントカラー配色の中でもコーディネートに使いやすいのが「トーンオントーン配色」。トーンのなかで比較的「明度」の差を大きくつける方法です。色相（色味）のまとまりはありながらも、明るさのコントラストがはっきり感じられる配色です。

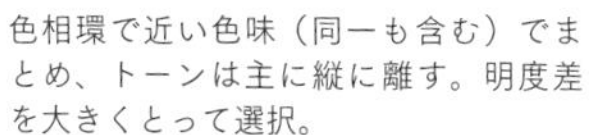

色相環で近い色味（同一も含む）でまとめ、トーンは主に縦に離す。明度差を大きくとって選択。

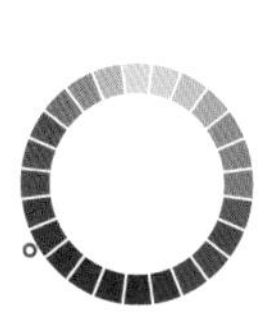

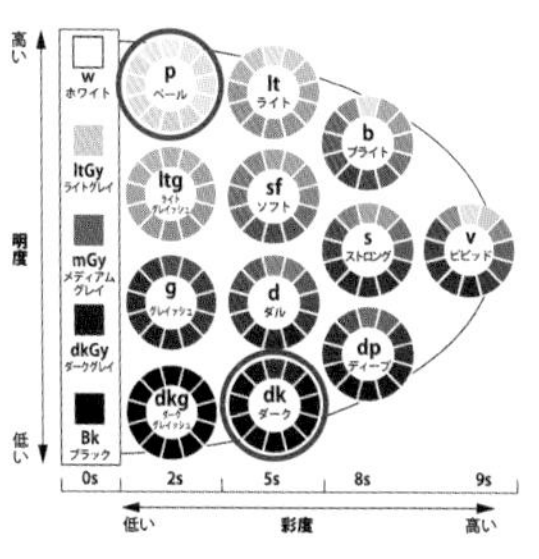

配色テクニック② トーンを合わせる

色相環で遠いところにある色相同士（色相に共通性がない反対色）を組み合わせるときは、トーンを合わせます。明度や彩度が似ている色同士を組み合わせると、きれいな配色になります。トーンを合わせる配色のことを「ドミナントトーン配色」といいます。

トーン図で近いトーンでまとめ、色相は変化をつけて選択。

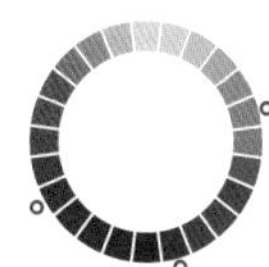

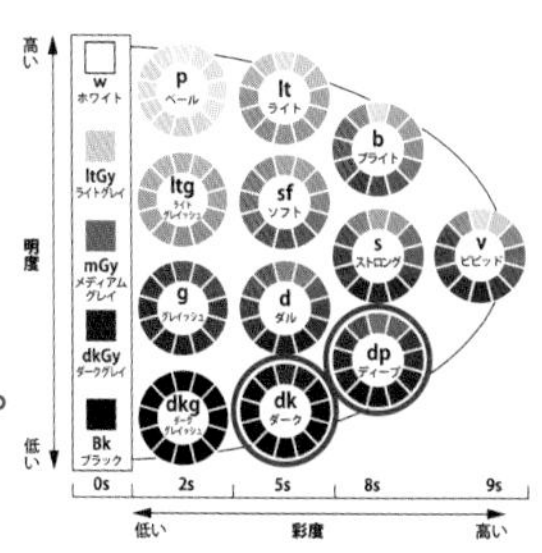

配色テクニック③ 色相・トーンを合わせる（ワントーン配色）

色相・トーンともにほとんど差のない色同士をあえて配色することもあります。ファッション用語では「ワントーン」と呼ばれたりもします。専門用語では「カマイユ配色」や「フォカマイユ配色」（カマイユ配色より色相やトーンに少し差をつけた配色）と呼ばれる穏やかな配色で、その場合は異なる素材のアイテム同士を組み合わせるとおしゃれです（実際のコーデで使いやすいように無彩色も含めています）。

色相、トーンともに色相環・トーン図で近い色で選択。

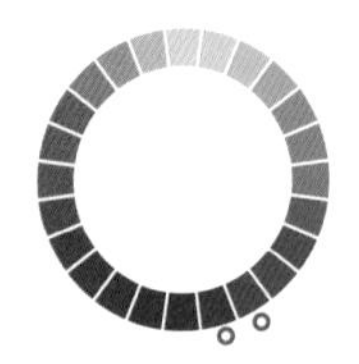

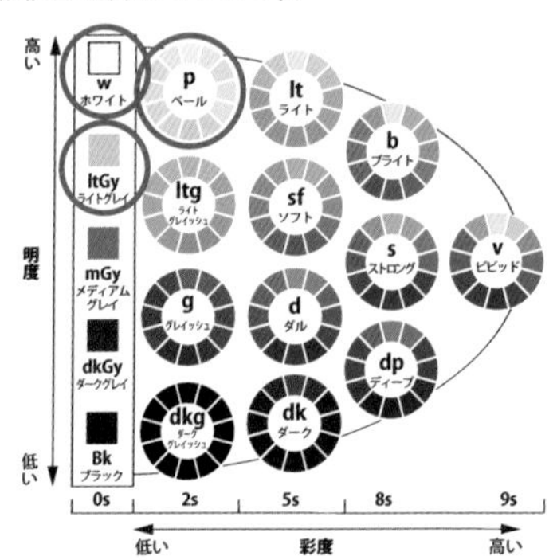

配色テクニック④ 色相・トーンを変化させる（コントラスト配色）

一方、色相やトーンが対照的な色同士を組み合わせると、コントラストがはっきりした配色になります。代表的な配色としては、2色の組み合わせの「ビコロール配色」、3色の組み合わせの「トリコロール配色」があります。

色相やトーンを、色相環・トーン図で離れた色で選択。冬タイプにとくに似合う配色。

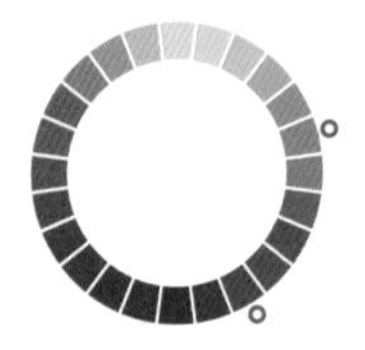

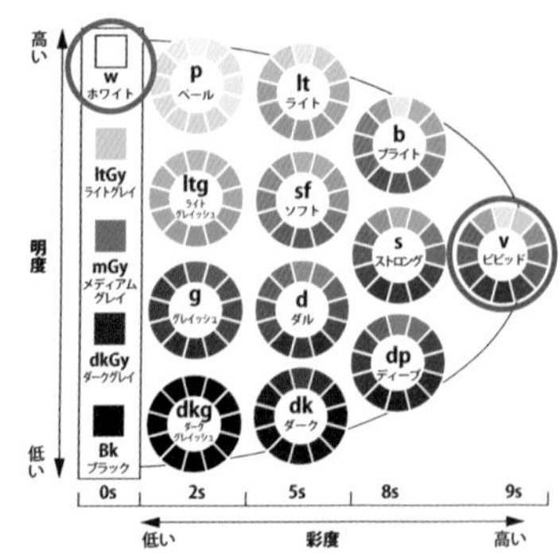

配色テクニック⑤ アクセントカラーを入れる

コーディネートが単調で物足りないときに使うといいのが「アクセントカラー」(強調色)。少量のアクセントカラーをとり入れるだけで、配色のイメージが驚くほど変わります。アクセントカラーは、ベースカラーやアソートカラーの「色相」「明度」「彩度」のうち、どれかの要素が大きく異なる色を選ぶのがポイント。

ベース、アソートに対して、反対の要素の色を入れる(この場合はトーン図で横に離れた色=彩度が反対の色)。

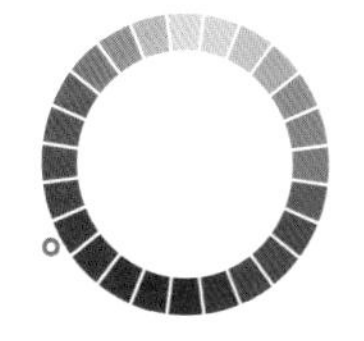

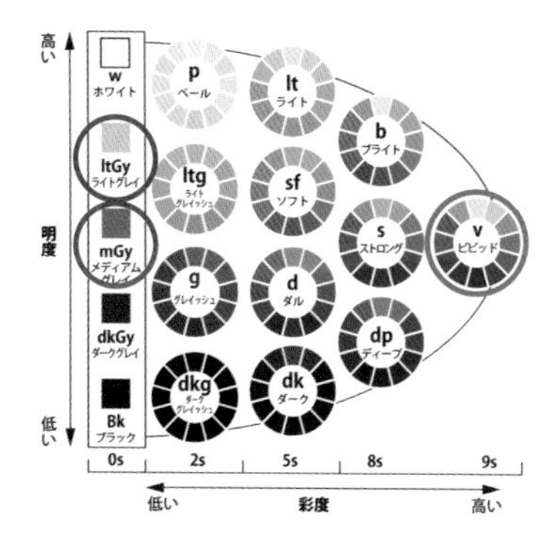

配色テクニック⑥ セパレートカラーを入れる

色と色の間に無彩色(白・グレー・黒など色味のない色)や低彩度色(色味の弱い色)を挟む方法。色相・トーンの差が少ない似た色同士の間にセパレートカラーを挟むと、メリハリが生まれます。また、組み合わせると喧嘩してしまうような色同士の間に挟むと、きれいにまとまります。ニットの裾からシャツを覗かせたり、ベルトをしたり、セパレートカラーを使うときは少ない面積でとり入れるのがポイント。

間に白を入れると、コントラストがやわらぎ調和して見える。

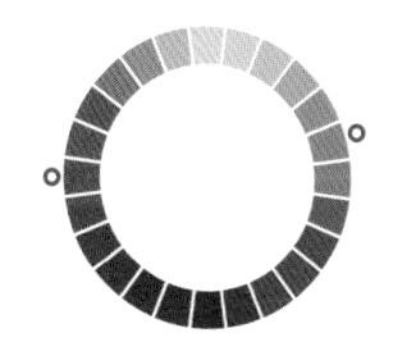

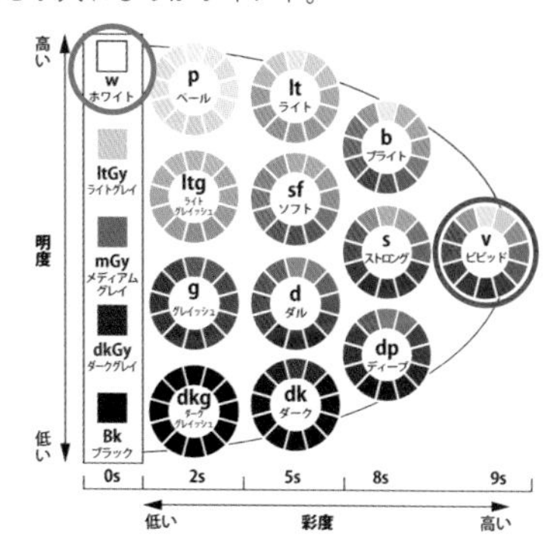

どの色を着るか迷ったときは？色の心理的効果

自分に似合う色を知っていても、どの色を着ればいいのか迷うことがあるかもしれません。そんなときは、「今日1日をどんな自分で過ごしたいか」から考えてみるのはいかがでしょうか。色によって得られる心理効果はさまざま。色の力を借りれば、新しい自分や新しい日常と出会えるかも！

エネルギッシュに過ごしたい日は

RED レッド

炎や血液を彷彿とさせる、エネルギッシュで情熱的なレッド。大脳を刺激して興奮させる効果があります。

- 自分を奮い立たせて、やる気を出したい日に
- 自信をもって過ごしたい日に
- ここぞという勝負の日に

社交的に過ごしたい日は

ORANGE オレンジ

太陽の光のようにあたたかく親しみがあり、活動的なオレンジ。新しい環境や出会いの場におすすめの色です。

- 積極的にコミュニケーションをとりたい日に
- 陽気な気分で過ごしたい日に
- カジュアルな着こなしをしたい日に

思いきり楽しく過ごしたい日は

YELLOW イエロー

明るく元気なイメージのイエロー。目立ちやすく、人の注意を引く色なので、信号機や標識にも使われます。

- ポジティブに過ごしたい日に
- まわりから注目されたい日に
- 知的好奇心やひらめき力を高めたい日に

リラックスして過ごしたい日は

GREEN グリーン

調和・平和・協調など、穏やかな印象をもつグリーン。自然や植物のように心身を癒やしてくれるヒーリングカラー。

- 心身にたまった疲れを癒やしたい日に
- 些細なことでクヨクヨしてしまう日に
- 穏やかな気持ちでいたい日に

冷静に過ごしたい日は

BLUE ブルー

寒色の代表色で、冷静・信頼・知性などを連想させるブルー。血圧や心拍数を低減させ、気持ちの高揚を鎮める作用があります。

- 心を落ち着かせたい日に
- 考えごとやタスクが多く、焦っている日に
- 理知的な雰囲気を演出したい日に

個性的な自分で過ごしたい日は

PURPLE パープル

古くから高貴な色とされてきたパープル。正反対の性質をもつレッドとブルーからなるため、神秘的な魅力があります。

- 我が道を進みたい日に
- ミステリアスな魅力をまといたい日に
- 格式高い場所へ行く日に

思いやりをもって過ごしたい日は

PINK ピンク

精神的な充足感を与えてくれるピンク。女性ホルモンであるエストロゲンの働きを高め、肌ツヤをアップさせる作用も。

- まわりの人たちにやさしくしたい日に
- 幸福感を感じたい日に
- 誰かに甘えたい日に

堅実に過ごしたい日は

BROWN ブラウン

大地のようにどっしりとした安定を表すブラウン。ダークブラウンはクラシックなイメージの代表色でもあります。

- コツコツがんばりたい日に
- 自然体でいたい日に
- 高級感を演出したい日に

自分を洗練させたい日は

GRAY グレー

日本を代表する粋な色、グレー。「四十八茶百鼠」という言葉があるように、江戸時代の人は100種以上ものグレーを生み出したそう。

- こなれ感を出したい日に
- シックな装いが求められる日に
- 控えめに過ごしたい日に

新しいスタートを切りたい日は

WHITE ホワイト

白無垢やウェディングドレス、白衣など、清く神聖なものに使われるホワイト。純粋さや清潔さを感じさせる色です。

- 新しいことを始める日に
- 素直でありたい日に
- まわりの人から大切にされたい日に

強い自分でありたい日は

BLACK ブラック

強さや威厳、都会的などのイメージをもつブラック。1980年代以降、ファッション界で圧倒的な人気を誇ります。

- 強い意志を貫きたい日に
- プロフェッショナル感を出したい日に
- スタイリッシュな着こなしをしたい日に

11色で魅せる、冬×ナチュラルタイプの配色コーディネート

PINK 1

ピンク

無彩色×マゼンタで凛とした華やかさを

鮮やかなマゼンタに無彩色のホワイトとブラックを合わせ、明度・彩度ともに最大のコントラストをつけたメリハリ配色に。青みを感じるマゼンタは、甘すぎない凛とした華やかさをもつ色。全体的にきれいめ素材でエレガントですが、ゆったりシルエットやボリューム小物でしっかりナチュラルらしさを出します。フラワーモチーフのピアスも大きめが◎。

甘すぎないピンク
3色でつくるコントラスト配色
オフィスOKのきれいめ素材

④色相・トーンを変化させる

LongT-shirt, Cardigan / AMERICAN HOLIC
Pants, Bag / KOBE LETTUCE
Loafers / 卑弥呼
Earrings / sorbet
Necklace / marvelous by Pierrot

ピンク
PINK 2

大人かわいい ピンクづかいでユニバへ

ブライトピンクにライトグレーを合わせると、大人のかわいらしさが生まれます。明るいピンクとグレーがメインなので、やや甘くやさしい雰囲気に。リュックのホワイトで抜けをつくり、ブラックのサンダルでキリッと引き締めて。スカート見えのワイドパンツは、エレガントなのに動きやすさ抜群。アクティブに遊ぶ日におすすめです。

ピンクのかわいい使い方
大人のアクティブコーデ
小物でコーデをアレンジ

④色相・トーンを変化させる

Hoodie / antiqua
Pants, Sandals / KOBE LETTUCE
Backpack / 編集部私物
Earrings / VATSURICA
Watch / BABY-G

似合うピンクの選び方

もち前の黒髪やコントラストの強い瞳と調和する、鮮やかなショッキングピンクやマゼンタがおすすめ。青みの強い鮮やかなピンクには、フェイスラインをすっきり見せる効果も。肌にも透明感が出て、冬タイプの凛とした魅力がアップします。黄みの強いピーチや濁りのあるサーモンピンクは肌がくすんでしまうため、できるだけ避けたほうがベターです。

似合うピンク

チェリーピンク

ショッキングピンク

マゼンタ

苦手なピンク

ピーチピンク

サーモンピンク

コーラルピンク

ブルー
BLUE 1

鮮やかなブルーで
快晴のワイキキを歩く

海のある景色が似合う、真っ白とロイヤルブルーの清々しい配色。寒色系でまとめたコーディネートに、ストールでペールピンクを少し足すと、ほんのり甘いアクセントになります。ざっくりとしたリネンストールや、大きめのタッセルがついたかごバッグなど、ナチュラルタイプが得意な天然素材の小物でリゾート気分を盛り上げて。

清涼感たっぷりの配色
淡いピンクのアクセント
天然素材小物でこなれ感アップ

④色相・トーンを変化させる

⑤アクセントカラーを入れる

T-shirt, Skirt, Sandals / KOBE LETTUCE
Bag / Trysil
Stole / 編集部私物
Earrings / sorbet
Necklace / Showkey
Watch / BABY-G

ブルー
BLUE 2

1日デスクワークでも品格を忘れない

ロイヤルブルーを顔まわりにもってきても、色に負けずすてきに着こなせる冬タイプ。品格を感じる装いになります。ホワイトのプルオーバーをなかに着ると、顔色が明るくなり抜けも生まれて一石二鳥。カジュアルな素材とデザインのロング丈パラシュートスカートは、ナチュラルタイプにぴったり。ブラックの面積が増えるとよりスタイリッシュになります。

品格ブルーが主役
ブラックを効果的に使う
マットな型押しレザートート

④色相・トーンを変化させる

Tops / UNIQLO（編集部私物）
Knit, Stole / marvelous by Pierrot
Skirt / KOBE LETTUCE
Boots / 卑弥呼
Bag, Bangle / 編集部私物
Earrings / sorbet
Glasses / Zoff

似合うブルーの選び方

クリアで鮮やかなブルーを選んで。英国王室のオフィシャルカラーとしても知られているロイヤルブルーは、やや紫みのある濃く鮮やかなブルー。冬タイプのクールでスタイリッシュな魅力をより引き出してくれる、おすすめの色です。濁りの強いブルー、緑みを感じるライトターコイズなどは、暗い印象になったり肌が黄色く見えたりしてしまうため、顔まわりは避けましょう。

似合うブルー

ロイヤルブルー

トゥルーブルー

ペールブルー

苦手なブルー

スモーキーターコイズ

ライトターコイズ

ダークターコイズ

ネイビー
NAVY 1

ジムに行く休日の気負わないカジュアル

トレーナーにチェック柄のフランネルシャツを羽織って、得意のレイヤードスタイルに。厚手のボアロングスカートで全身ボリュームアップしても、かえってスタイルアップして見えます。ネイビー×ブラックは落ち着いた配色ですが、ライトグレーが入ると明度差が出てメリハリが生まれます。トレーナーと濃淡になるミディアムグレーのスニーカーでこなれ感を。

#明度差のあるメリハリ配色
#得意の重ね着でおしゃれに
#ローゲージニットキャップ

④色相・トーンを変化させる

Sweatshirt / SHOO・LA・RUE
Shirt / UNIQLO（編集部私物）
Skirt / KOBE LETTUCE
Sneakers, Backpack, Knitcap, Earrings / 編集部私物

ネイビー
NAVY 2

大人トリコロールで社外打ち合わせ

鮮やかな赤・青・白のトリコロール配色も、青をネイビーにすると大人っぽい雰囲気に。カジュアルなローゲージのアランニットを、センタープレスのワイドパンツやチャンキーヒールパンプスできれいめにアレンジして、抜け感のあるオフィスカジュアルに仕上げます。存在感のあるシルバーやパールのアクセサリーで、エレガントな輝きを添えて。

 # 大人のオフィスカジュアル
 # ニットのきれいめアレンジ
 # トリコロールカラーのストール

④色相・トーンを変化させる

Knit / marvelous by Pierrot
Pants, Stole / 編集部私物
Pumps / 卑弥呼
Bag / cache cache
Earrings / VATSURICA
Necklace / LANVIN en Bleu
Watch / シチズン エクシード

似合うネイビーの選び方

ネイビーはブラックに次いで、冬タイプの得意なベーシックカラー。とくに暗めの濃紺は、フェイスラインをすっきりさせてくれるのでおすすめです。青紫を感じるくらいのダークネイビーも似合います。黄みを含んだネイビーは、顔がくすんで見えてしまい、冬タイプの華やかでスタイリッシュなイメージが薄れてしまうので気をつけて。

似合うネイビー

ネイビーブルー

ダークネイビー

苦手なネイビー

ライトネイビー

マリンネイビー

グリーン
GREEN 1

存在感のある色づかいでプレゼンに臨む

カジュアルなイメージのボーダーも、コントラスト配色を使うことできちんと感が生まれます。ホワイト多めの軽やかなボーダーニットに、ビビッドグリーンのロングスカートを合わせて、存在感のあるシャープなコーディネートに。足もともスエード素材のチャンキーヒールショートブーツできれいめに。黒縁のウェリントンメガネをかければ知的な印象もアップ。

ボーダーをきちんとスタイルに
さわやかグリーン
面長さんに似合うウェリントン

④色相・トーンを変化させる

Knit, Skirt, Boots / KOBE LETTUCE
Bag / cache cache
Stole / FURLA
Earrings / LAKOLE（編集部私物）
Glasses / Zoff
Watch / ザ・シチズン

グリーン
GREEN 2

国立新美術館での アート鑑賞は洗練配色で

同じ無彩色×ビビッドグリーンの配色ですが、ブラックをメインにするとグッと大人っぽくスタイリッシュに。全体的に重くなりすぎないように、バッグとスニーカーのソールに入ったホワイトで抜けを出します。カジュアルなニットにティアードスカートを合わせると、テイストが適度にミックスされておしゃれに。ストールは無造作に巻いて立体感を出して。

ブラック多めの大人配色
ホワイトで抜けを出す
ほんのり甘めカジュアル

④色相・トーンを変化させる

Knit, Skirt, Stole, Bag / KOBE LETTUCE
Sneakers / 卑弥呼
Earrings, Watch / 編集部私物

似合うグリーンの選び方

冬タイプの華やかで凛とした魅力を引き出してくれるのは、ビビッドなグリーンや、クレオパトラが愛用したといわれるマラカイトグリーン。深い青緑系がよく似合いますが、涼しげな雰囲気を出したいときは、薄いペールグリーンもおすすめ。同じ深い色でも、黄緑系で濁りのあるオリーブグリーンだと地味になってしまうため、注意が必要です。

似合うグリーン

マラカイトグリーン

トゥルーグリーン

ペールグリーン

苦手なグリーン

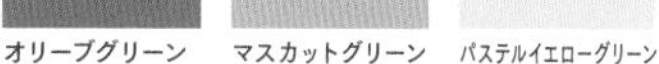
オリーブグリーン　マスカットグリーン　パステルイエローグリーン

レッド
RED 1

下北沢でレコードを探す日のシャビールック

レッドのフレアスカートはエネルギッシュで華やか。チャコールグレーに近いブラックデニムのジャケットを羽織ると、少しシャビーな着こなしになります。トップスに長さがなくややコンパクトなときは、ボトムスで長さとボリュームを出すことを意識すると◎。大きめトートやボリュームスニーカーでさらに重心を下げるとバランスが整います。

古着風コーデ
情熱の赤を着こなす
ナチュラルのバランス調整術

④色相・トーンを変化させる

T-shirt / AMERICAN HOLIC
Jacket / SHOO・LA・RUE
Skirt / antiqua
Sneakers / New Balance（編集部私物）
Bag / L.L.Bean
Earrings / objet sayoko
Necklace / Showkey

レッド
RED 2

レッドでつくる
冬のアクティブスタイル

暗い色になりがちな冬アウターですが、冬×ナチュラルはぜひ鮮やかな色にも挑戦してみて。存在感たっぷりのレッドのダウンジャケットもカッコよく決まります。ホワイトとブラックを合わせて、大人のアクティブスタイルに。ナチュラルタイプはスリムパンツが苦手ですが、ボリュームのあるロングブーツにインすればバランスがよくなります。

華やかなレッドアウター
ブーツインで重心を下げる
フープピアスで足すエレガンス

④色相・トーンを変化させる

LongT-shirt, Pants / AMERICAN HOLIC
Jacket, Cap / KOBE LETTUCE
Boots / 卑弥呼
Bag / L.L.Bean
Earrings / 編集部私物

似合うレッドの選び方

凛とした華やかさのある冬タイプには、トゥルーレッド（真っ赤）や、鮮やかで少し深い真紅、赤紫に黒が入ってできるワインレッドがよく似合います。暗い色であっても赤紫系のレッドであれば、肌の透明感が出てきれいに見えるのでおすすめです。反対に、黄みを感じる朱赤や、濁りのあるレンガ色は苦手な色。肌が黄色くくすんで地味に見えてしまいます。

似合うレッド

トゥルーレッド

ブルーレッド

ワインレッド

苦手なレッド

オレンジレッド

クリアオレンジレッド

レンガ

グレー
GRAY

シックなモノトーンで家族とディナー

スエット素材のゆったりワンピースは、切り替えが下のほうに入っているため重心が下がって◎。カジュアルなアイテムですが、色をシックなミディアムグレーにすると上品になります。小物は引き締め効果のあるブラックで。グレーとのコントラストはあまり強くないので、落ち着いた印象はキープ。バロックパールネックレスと靴下のホワイトで抜けをつくれば完ぺき！

カジュアルワンピを色で上品に
プルオーバーをチラ見せ
シックなモノトーンコーデ

T-shirt / AMERICAN HOLIC
One piece / marvelous by Pierrot
Loafers / welleg
Socks, Necklace, Earrings / 編集部私物
Bag / cache cache

似合うグレーの選び方

濁った色が苦手な冬タイプですが、ホワイトとブラックだけを混ぜた無彩色のグレーであればシックでモダンなイメージになります。なるべく色味を感じないシンプルなグレーを選びましょう。明るいグレーはやわらかくやさしい雰囲気に、暗いグレーは大人っぽくカッコいいイメージになるので、なりたい雰囲気や気分に合わせてとり入れて。

似合うグレー

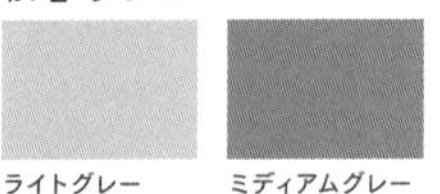

ライトグレー　ミディアムグレー　チャコールグレー

苦手なグレー

ライトブルーグレー　チャコールブルーグレー　ウォームグレー

イエロー
YELLOW

ママ友ランチは陽気なイエローで

ラフなドローイングプリントのペールイエロースカートは、楽しい約束に着ていきたい陽気な雰囲気。ネイビーと白でさわやかさを、シルバーの靴とアクセサリーで華やかさをプラス。かためのマット肌が多いナチュラルタイプですが、なかには肌質がやわらかい方も。その場合は、とろみ素材などやわらかめの服も似合います。生地が薄すぎないものを選ぶのがコツ。

反対色相のさわやか配色
使いやすいロング丈ラップカーデ
体の質感で素材を選ぶ

④色相・トーンを変化させる

T-shirt, Cardigan / KOBE LETTUCE
Skirt, Necklace / marvelous by Pierrot
Flat shoes / welleg
Bag / Trysil
Earrings / sorbet
Watch / Kengo Kuma + MA,YU

似合うイエローの選び方

「ブルーベースは黄色が似合わない」と思われがちですが、そんなことはありません。クリアな色が得意な冬タイプは、レモンのような鮮やかな蛍光カラーや、クリアで淡いペールイエローが似合います。苦手なのは、濁りのあるマスタードやオレンジに近いゴールド。肌に赤みが出てしまうので注意が必要です。

似合うイエロー

レモンイエロー　ペールイエロー

苦手なイエロー

マスタード

ゴールド

ゴールデンイエロー

パープル
PURPLE

おしゃれに防寒して
秋のグランピング

高貴なイメージのロイヤルパープルをフリースベストでとり入れて、きれいめカジュアルに。ジッパーの明るいターコイズブルーがさわやかなアクセントになります。ベストのロイヤルパープル、デニムのミディアムブルー、トートのほんのり紫がかったニュアンスグレーは、青～紫系でまとめたドミナントカラー配色。ホワイトが入ることでメリハリも生まれます。

高貴な色をカジュアルに使う
小物はグレーでシックに
レイヤードでかわいく防寒

①色相を合わせる

Hoodie / marvelous by Pierrot
Vest / L.L.Bean Japan Edition
Bag / L.L.Bean
Jeans / WEGO
Sneakers / New Balance（編集部私物）
Earrings / sorbet
Watch / シチズン エクシード

似合うパープルの選び方

淡いペールバイオレットから暗いロイヤルパープルまで幅広く着こなすことができ、上品な凛とした魅力がアップします。パープルを選ぶなら、とにかく濁っていないものを選ぶのが最重要ポイントです。顔にあててぼんやり見えたら濁っている色のサイン。

似合うパープル

ロイヤルパープル

ペールバイオレット

苦手なパープル

ディープバイオレット

クロッカス

レッドパープル

ベージュ
BEIGE

大人の余裕がにじむ リラックススタイル

ブルーベースのクリアな色が似合う冬タイプは、ベージュがあまり得意ではありません。でも、黄みの少ないグレージュなら◎。顔から離れたボトムスでとり入れるとすてきに着こなせます。トップスには得意なピュアホワイトを選んで、穏やかなリラクシースタイルに。ブラックのかごバッグとトングサンダルで引き締めつつ、大人の余裕を感じさせるムードに仕上げて。

ベージュは顔から離して使う
穏やかな上品配色
にじみ出る大人の余裕

⑤アクセントカラーを入れる

T-shirt, Shirt, Pants, Sandals / KOBE LETTUCE
Bag, Earrings, Bangle / 編集部私物
Necklace / sorbet

似合うベージュの選び方

着まわしやすい色というイメージのあるベージュですが、ブルーベースの冬タイプはじつは苦手な色。黄みの強い色を身につけると、顔が黄色くくすんでぼんやり見えます。ベージュ系を着たいときはグレーがかったベージュを。黄みのベージュはボトムスでとり入れて、トップスを得意なブラックなどにすると◎。その場合もできるだけ黄みの少ないベージュを選んで。

似合うベージュ

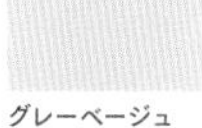

グレーベージュ

苦手なベージュ

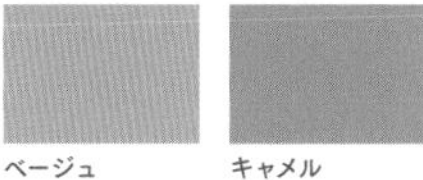

ベージュ　キャメル　ライトウォームベージュ

夏のデートは
白をエレガントに着る

ほんのり紫がかったニュアンスホワイトのロングシャツに、パープル系とグレーのプリントパンツを合わせた、エレガントでリラックス感のあるコーディネート。色味が少しずつ異なるホワイトを使い、洗練度アップ。ブルーベースの色にはシルバーカラーがよく合います。バッグやアクセサリーでとり入れて、エッジのきいた清涼感をプラスして。

#ホワイトをエレガントに
#シルバー小物でブルベの魅力アップ
#使える半袖ロングシャツ

①色相を合わせる

T-shirt, Shirt, Pants / KOBE LETTUCE
Sandals / welleg
Bag / cache cache
Stole / 編集部私物
Earrings / 編集部私物
Necklace / marvelous by Pierrot
Watch / BABY-G

似合うホワイトの選び方

ブラックと同様に、混じりけのないピュアなホワイトが似合う唯一のタイプ。真っ白はとても強い色なので、色の強さに負けない華やかな顔立ちの冬タイプだからこそ美しく着こなせます。レフ板効果が高く、身につけると肌色が明るくフェイスラインもすっきり見えるのもうれしいポイント。黄みのあるアイボリーやバニラホワイトは顔がくすんで見えてしまいます。

似合うホワイト

ピュアホワイト

苦手なホワイト

アイボリー　バニラホワイト

ブラック
BLACK

チェック×モノトーンでつくる優等生コーデ

ナチュラルタイプが得意な大きめチェック柄を主役にした、冬×ナチュラルらしいモノトーンコーデ。カジュアルな柄も、モノトーンでそろえるとシックで知的な雰囲気に。ボトムスに明るい色をもってくると動きが出て軽やかになります。ブラックのキャスケットでかわいらしさをプラスしたら、足もとはボリュームのあるショートブーツでしっかり下重心に。

 # チェックをモノトーンで上品に
 # 大人かわいいキャスケット
 # パールピアスで繊細な輝きを

④コントラスト配色

Tops, Cardigan / UNIQLO(編集部私物)
Skirt / marvelous by Pierrot
Boots / 卑弥呼
Bag / KOBE LETTUCE
Earrings / MISTY
Bracelet / saze
Cap / FURLA

似合うブラックの選び方

「黒は万能」というイメージがありますが、じつは誰にでも似合う色ではないんです。春・夏・秋・冬の4タイプのなかでも、ブラックが本当に似合うのは冬タイプのみ。華やかな顔立ちだからこそ、強いブラックでもスタイリッシュに着こなすことができ、もち前の黒髪や瞳がより美しく見えます。色あせたようなブラックよりも、はっきりしたブラックを選ぶのがポイントです。

似合うブラック

ブラック

Column

「似合う」の最終ジャッジは試着室で

買う前に試着、していますか？

さまざまなファッション理論をもとに「似合う」の選び方をお伝えしてきましたが、いざ購入する前にできるだけしていただきたいこと、それは「試着」です。

人の肌の色や体のつくりは、パーソナルカラーや骨格タイプが同じ方でもおひとりずつ微妙に異なります。アイテムの色や形やサイズ感が自分に本当に似合うかどうかは、実際に身につけてみなければ厳密にはわかりません。

いまは、オンラインストアの商品を自宅や店舗で試着できるサービスもありますので、できれば購入前に試してみることをおすすめします。

試着しても自分に似合っているのかどうかイマイチわからないという方は、下のチェックリストをぜひ参考にしてみてください。

冬×ナチュラルタイプの試着チェックリスト

事前準備

- ☐ 着脱しやすい服で行く
- ☐ 普段の外出時につける下着をきちんと身につける
- ☐ コーディネートしたい服や靴で行く
- ☐ 合わせ鏡で後ろ姿まで見えるように、手鏡を持参する（スマホのインカメラでもOK。購入前の商品の撮影はマナー違反になる場合があるため注意）

冬タイプのチェックリスト

- ☐ 肌に透明感が出てすっきりして見えるか
- ☐ アイテムの色に黄みがあり、顔が黄色くくすんでいないか
- ☐ アイテムの色に濁りがあり、顔がぼんやり見えていないか

ナチュラルタイプのチェックリスト

- ☐ （トップス）肩幅が広く見えすぎて、バランスが悪くなっていないか
- ☐ （トップス）鎖骨や肩関節が目立ちすぎていないか
- ☐ （トップス・ボトムス）服と体の間に十分なゆとりがあるか
- ☐ （トップス・ボトムス）素材がフラットでシンプルすぎて、寂しく見えないか
- ☐ （トップス・ボトムス）素材がやわらかすぎて骨感が目立っていないか
- ☐ （ボトムス）腰やお尻のラインを拾いすぎず、適度なボリュームが出ているか
- ☐ （パンツ）靴と合わせたとき、足首が隠れる丈になっているか

Chapter 3

冬×ナチュラルタイプの魅力に磨きをかけるヘアメイク

冬×ナチュラルタイプに似合う
コスメの選び方

最高に似合う鉄板メイクを見つけよう

顔に直接色をのせるメイクは、パーソナルカラーの効果を実感しやすい重要なポイント。似合う服を着ていても、メイクの色がイマイチだと「似合う」が薄れてしまいます。

逆にいうと、本来得意ではない色の服を着たいときや着なければいけない事情があるときは、メイクを似合う色にすれば服の色の影響を和らげることが可能。とくにチークとリップを似合う色で徹底するだけで、肌に透明感が出ていきいきと輝きます。

「コーディネートに合わせてメイクも変えなくては」と思っている方も多いかもしれませんが、自分に最高に似合う鉄板メイクが見つかれば、毎日同じメイクでも大丈夫。決まったコスメを使っていればいつもきれいでいられるなんて、忙しい日常を送る私たちにはうれしいですよね。

もちろん、自分に似合うメイクパターンをいくつかもっておいて、コーディネートやシーンに合わせて使い分ける楽しみもあります。どちらでも、ご自身に合うメイク方法を試してみてください。

冬×ナチュラルタイプがコスメを選ぶときのコツ

肌の色はさまざまな冬タイプですが、濃い髪色、目力のある真っ黒な瞳、パーツが大きめでくっきりとした顔立ちの方が多いため、華やかなコスメカラーが似合います。

真紅、ワインレッド、ショッキングピンクなどの色も、派手になりすぎず洗練度アップ。黄みや濁りのある色は避け、青みを感じるクリアな色を選びます。

冬×ナチュラルは光りすぎない適度なツヤ、上品なシルバー系のラメやパールが似合います。

顔が華やかなので、メイクは引き算がポイント。アイメイクを強めにしたいときはシアーなリップで軽さを出したり、鮮やかなリップをつけたいときはアイシャドウの色味を抑えたり。

全体のバランスを整えると、あか抜けメイクに仕上がります。

おすすめのメイクアップカラー

アイシャドウ

目もとを印象づけるなら、高貴な雰囲気のパープル系がおすすめ。色味を抑えるなら、グレーがかったブラウンや、赤みや紫みを感じるブラウンが似合います。黄みのブラウンやゴールドは顔が黄色くくすむので苦手。

チーク

鮮やかなローズピンクやフューシャピンクなど、青みのあるクリアなピンクをつけると肌の透明感がアップして見えます。くすんだオレンジ系やブラウン系は、顔がぼんやりした印象になるので注意。

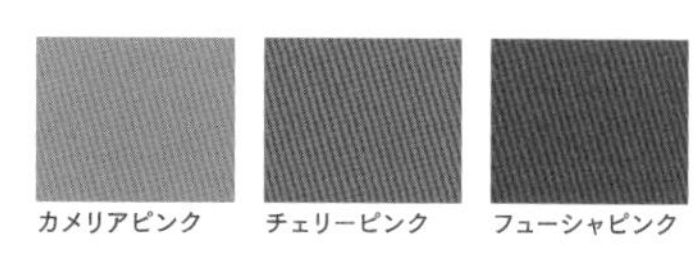

リップ

真紅やワインレッドなど、鮮やかな色や深みのある色がとても似合います。適度にツヤの出るものか、セミマットもおすすめ。黄みの強い色は顔が黄ぐすみし、淡いパステルカラーは物足りない印象になります。

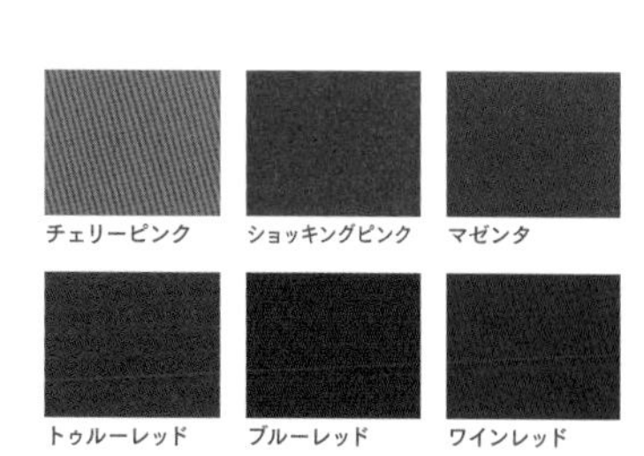

アイブロウ・アイライナーなど

髪や瞳の色と調和するブラック、またはグレー系や赤み系のブラウンがおすすめ。黄みのあるブラウンは避けましょう。

史上最高の顔になる、冬×ナチュラルタイプのベストコスメ

パープルで品格を上げる華やかメイク

冬×ナチュラルタイプの存在感を最大限に高めるなら、得意のパープルを味方につけて。目もとの鮮やかなパープルが気高く華やぐ、スタイリッシュなメイクです。モノトーンやハンサムテイストの服に合わせると、顔の華やかさが際立ち一層魅力的に。

基本ナチュラル
メイク

アイシャドウ

ADDICTION
アディクション ザ アイシャドウ パレット 002 Everlasting Lilac エバーラスティング ライラック

主張が強めのパープルも、冬タイプならスタイリッシュに。グレー系やシルバー系も入っているアイシャドウパレットなので、服の色やシーンに合わせて使い分けることができます。シルバー系ラメやピンク系の偏光ラメで、すっきりとした輝きをプラス。

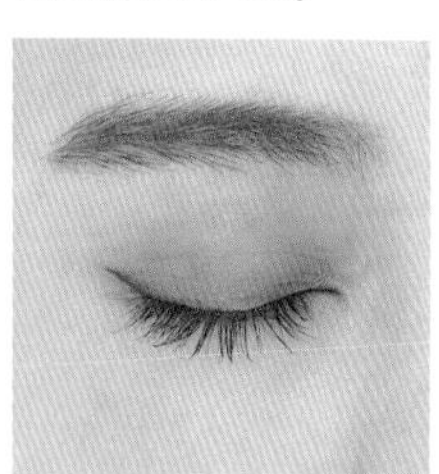

チーク

ADDICTION
アディクション ザ ブラッシュ 012M Kiss the Night (M) キス ザ ナイト

青みの強いダスティなローズピンク。少し深みのある色でも肌の透明感が増し、品格を感じる仕上がりになります。青みのあるピンクは、ブルーベースの肌をより美しく見せる鉄板メイクアップカラーです。

リップ

KATE
リップモンスター 06 2:00AM

リップはワインレッドで大人っぽく。シアータイプなので、ややダークなカラーでも重くならず抜け感が出ます。光りすぎず適度にしっとりとした唇になる高保湿タイプ。落ち着いた華やかさが生まれる、普段づかいしやすい1本です。

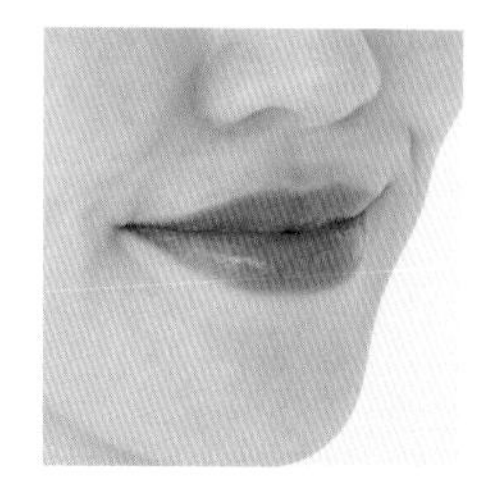

ピンクブラウンでつくる
エレガントメイク

アイシャドウ

excel

スキニーリッチ シャドウ
SR10 ピオニーブラウン

ブラウン系のアイシャドウで色味を抑えるなら、紫みを感じるピンクブラウン系の濃淡が入ったパレットがおすすめ。エレガントな目もとを演出できます。パール感のあるペールピンクのハイライトカラーも、冬タイプの肌になじみやすく洗練された印象に。繊細なラメがちりばめられた、冬×ナチュラルに似合うブラウン系パレットです。

チーク

CANMAKE

グロウフルールチークス 16
ライラックフルール

紫みを強めにすると、肌の透明感がさらに増して繊細な雰囲気に。ブレンドタイプのチークは、シーンによって明るさや色味を調整できるので便利です。

リップ

Fujiko

ニュアンスラップティント
07 愛の花束ピンク

目もとの色味を抑えたら、リップは鮮やかなラズベリーレッドでかわいらしさをプラス。青みのあるリップは、透きとおるような美肌を叶えてくれるうれしい1本。適度にツヤの出るリキッドタイプで、上品に潤う唇に。

赤リップが映える
シックなメイク

アイシャドウ

Ririmew

IN THE MIRROR EYE PALETTE インザミラーアイパレット 03 WINTER GRAY

ナチュラルな目もとにするなら、淡いベビーピンク、グレイッシュな赤紫系ブラウンが入ったアイシャドウパレットがおすすめ。シルバー×ピンクラメ入りのカラーもあり、スタイリッシュなかわいらしさをプラスできます。冬タイプは黄みが苦手で、濁りのある色もそれほど得意ではありません。ブラウンやベージュ系を選ぶときはとにかく色味に気をつけて、黄みを感じないグレーっぽい色を選んで。

チーク

excel

オーラティック ブラッシュ AB04 シャイガール

クリアな青みのローズピンク。グラデーションタイプは色味の強さを調整できて便利です。色味を強くのせるほど、肌の透明感がアップして高貴な印象に。オフィスメイクにもお出かけメイクにも使える優秀チーク。

リップ

DECORTÉ

ルージュ デコルテ 48 runway mode

淡い色のアイシャドウで抜けを出したら、リップは鮮やかな真紅で魅惑的に。少しマットな質感なので上品に仕上がります。色味の強い赤リップは、わずかな色味の違いも顔色や印象に大きく影響します。黄みのある朱赤ではなく、少し紫みのある赤を選ぶのがポイント。一方、リップが淡い色だと顔全体がぼやけて見えてしまうので注意を。

冬×ナチュラルタイプに似合う

ヘア&ネイル

本命ヘアは、
黒髪をいかした無造作スタイル

顔まわりを縁どる髪は、服やメイクとともにその人の印象を大きく左右します。パーソナルカラーのセオリーをヘアカラーに、骨格診断のセオリーをヘアスタイルにとり入れて、もう一段上の「似合う」を手に入れましょう!

冬タイプは黒髪がとても似合うので、地毛のままでもすてきです。カラーリングするならレッドパープルやブルーアッシュがおすすめ。ハイライトやインナーカラーも、赤紫・青紫系やグレーアッシュだとマッチします。

明るいイエロー系やオレンジ系は、肌が黄ぐすみして見えてしまうので注意を。

ナチュラルタイプに似合うヘアスタイルは、適度に重さを残したラフなスタイル。毛先を遊ばせたり、全体的にゆるっと巻いたり、きっちりまとめず無造作に仕上げるとこなれた雰囲気がアップします。

おすすめのヘアカラー

おすすめのネイルカラー

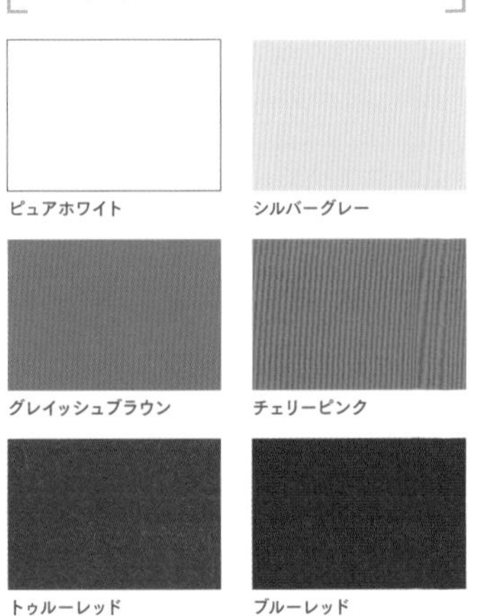

Short

魅力がいきる
黒髪ショートヘア

もち前の黒髪で知的な雰囲気に。きっちりとしたスタイルが似合う冬タイプですが、冬×ナチュラルタイプは大きめのゆるいワンカールや、毛先に動きをつけたスタイルがおすすめ。

Medium

モード感あふれる
ミディアムヘア

少し軽さを出したモードなロングボブ。落ち着いたダークグレーカラーにハイライトを細かく入れ、透け感と動きのあるスタイルに。ワックスで毛束感を出し、毛先を遊ばせるとおしゃれ。

重めバングのロングヘア

適度な重さを残したロングヘア。重めの前髪がチャームポイント。自然な黒髪も、ゆるくニュアンスをつけると抜け感がアップします。くるくる巻きすぎないように注意を。

Arrange

遊び心をきかせた、ゆる巻きアレンジ

全体的にゆるっと巻いて、毛先を遊ばせたスタイル。前髪や後れ毛を顔まわりに残して、頬骨やエラの骨感をさりげなくカバーすると、やわらかい雰囲気に仕上がります。

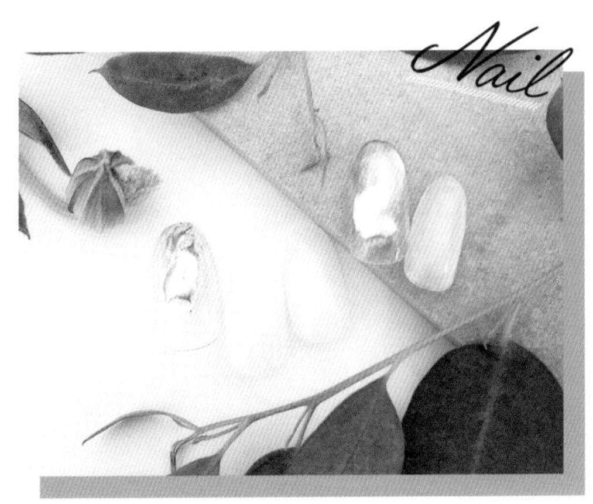

ホワイト×シルバーの洗練ネイル

シアーなホワイトとシルバーの3Dアートで、スタイリッシュな指先に。大きめで立体感のあるアートも、ナチュラルタイプなら違和感なくマッチします。カラーレスなので合わせる服の色を選びません。

ダルメシアン柄のマットネイル

チェリーピンク×グレイッシュブラウンに、かわいいアニマル柄をプラス。ブラウン系の細かいヒョウ柄より、白黒で大きめのダルメシアン柄が似合います。コントラストの強い配色や個性的な柄もマットコートで上品に。

ドレッシーなレッド系ネイル

ドレスアップしてお出かけする日は、深みのあるブルーレッド×大きめパールで。青みを帯びた赤紫系（ワイン系）のレッドは、華やかで品格のある雰囲気。情熱的な真っ赤もよく似合うので、ぜひ試してみて。

Epilogue

本書を最後まで読んでくださってありがとうございました。

あなたの魅力を輝かせる『パーソナルカラー×骨格診断別　似合わせBOOK』。

個性を引き出す、ファッションやヘアメイク、ネイルをご覧いただきいかがでしたでしょうか。

「パーソナルカラー×骨格診断」。この2つのセオリーは、あなたがすでにいま、持っている魅力や個性を引き出し、より美しく輝かせるものです。もちろん、ファッションは楽しむものなので、セオリーに縛られることなく、自由に服選びを楽しんでいただければと思います。

でも、あまりにも多くの情報があふれるいま、つい、自分にないものを求めてしまったり、他の人と比べてしまうことも、もしかしたらあるかもしれません。

そんなふうに何を着たらよいか迷ってしまったときに、この本が、あなたらしいファッションに気づく、ひとつのきっかけになればとてもうれしく思います。

私のサロンに来られるお客さまは、パーソナルカラーと骨格診断に合った色やデザインの服、メイクを実際にご提案すると「今までこんな服やメイクはしたことがなかったです！」「私は、本当はこういう服が似合うんですね！」と驚かれる方もたくさんいらっしゃいます。朝に来店されたときとは見違えるほどすてきになった姿を、数えきれないくらい目にしてきました。

自分自身を知り、それを最大限にいかすことは、「あなたらしい、身に着けていて心地よいファッション」を叶える近道になると思います。

色とりどりの服やコスメは、それを目にするだけで、私たちをワクワクした気持ちにさせてくれます。色とファッションのもつパワーを味方につけて、ぜひ、毎日の着こなしを楽しんでくださいね。

毎朝、鏡に映るあなたの顔が、これからもずっと、幸せな笑顔であふれますように。

最後になりますが、この12冊の本を制作するにあたり、本当に多くの方に、お力添えをいただきました。

パーソナルカラーと骨格診断のセオリーにマッチした、膨大な数のセレクトアイテム。その全商品のリースを、一手に引き受けてくださったスタイリストの森田さん。根気よく置き画制作を担当してくださった、佐野さんはじめ、スタイリストチームのみなさん。すてきな写真を撮ってくださったフォトグラファーのみなさん、抜けのある美しいメイクをしてくださったヘアメイクさん、頼りになるディレクターの三橋さん、アシストしてくださった鶴田さん、木下さん、すてきな本に仕上げてくださったブックデザイナーの井上さん。

そして、本書の編集をご担当いただきました、サンクチュアリ出版の吉田麻衣子さんに心よりお礼を申し上げます。特に吉田さんには、この1年、本当にいつもあたたかく励ましていただき、感謝の言葉しかありません。最高のチームで、本づくりができたことに感謝の気持ちでいっぱいです。

また、アイテム探しを手伝ってくれた教え子たち、そして、この1年、ほとんど家事もできないような状態の私を、何もいわずにそっと見守ってくれた主人と息子にも、この場を借りてお礼をいわせてください。本当にありがとう。

たくさんのみなさまのおかげでこの本ができあがりました。本当にありがとうございました。

2024年3月　海保 麻里子

協力店リスト

＜衣装協力＞

・ACHILLES SORBO
（アキレス・ソルボ）
https://www.achilles-sorbo.com

・AMERICAN HOLIC
（アメリカンホリック）
https://stripe-club.com/american-holic

・antiqua
（アンティカ）
https://www.antiqua.co.jp

・WEGO
（ウィゴー）
https://wego.jp

・welleg
（ウェレッグ）
https://welleg.jp

・estää
（エスタ）
https://www.moonbat.co.jp/

・L.L.Bean
（エル・エル・ビーン）
https://www.llbean.co.jp

・L.L.Bean Japan Edition
（エル・エル・ビーン ジャパンエディション）
https://www.llbean.co.jp

・objet sayoko
（オブジェサヨコ）
https://objetsayoko.theshop.jp

・cache cache
（カシュカシュ）
https://www.unbillion.com/brand/cachecache

・Kengo Kuma ＋ MA, YU
（ケンゴクマプラスマユ）
https://vendome.jp/aoyama

・KOBE LETTUCE
（コウベレタス）
https://www.lettuce.co.jp

・ザ・シチズン
https://citizen.jp

・シチズン エクシード
https://citizen.jp

・SHOO・LA・RUE
（シューラルー）
https://store.world.co.jp/s/brand/shoo-la-rue/

・Showkey
（ショーキー）
https://showkey2021.thebase.in

・saze
（セイジ）
https://www.saze-official.com

・Zoff
（ゾフ）
https://www.zoff.co.jp/shop/default.aspx

・sorbet
（ソルベ）
https://sorbet.base.shop

・Trysil
（トライシル）
https://zozo.jp/shop/trysil/

・VATSURICA
（バツリカ）
https://www.vatsurica.net

・卑弥呼
（ヒミコ）
https://himiko.jp

・FURLA
（フルラ）
https://www.moonbat.co.jp/

・BABY-G
（ベビージー）
https://gshock.casio.com/jp/products/women/all

・marvelous by Pierrot
（マーベラス バイ ピエロ）
https://pierrotshop.jp

・MISTY
（ミスティ）
https://misty-collection.co.jp

・LANVIN en Bleu
（ランバンオンブルー）
https://vendome.co.jp/brand/lanvin_en_bleu.html

<ヘアスタイル画像協力>

P101上下　kakimoto arms
（カキモトアームズ）
https://kakimoto-arms.com

P102上　emu（エミュ）表参道／青山／ OZmall
https://www.ozmall.co.jp/hairsalon/1641/

P102下　manoharu（マノハル）／ OZmall
https://www.ozmall.co.jp/hairsalon/1064/

<ネイル画像協力>

P103　青山ネイル
https://aoyama-nail.com

<素材画像協力>

P44　iStock

※上記にないブランドの商品は、著者私物・編集部私物です。
※掲載した商品は欠品・販売終了の場合もあります。あらかじめご了承ください。

著者プロフィール

海保 麻里子
Mariko Kaiho

ビューティーカラーアナリスト®
株式会社パーソナルビューティーカラー研究所 代表取締役

パーソナルカラー＆骨格診断を軸に、顧客のもつ魅力を最大限に引き出す「外見力アップ」の手法が評判に。24年間で2万人以上の診断実績をもつ。自身が運営する、東京・南青山のイメージコンサルティングサロン「サロン・ド・ルミエール」は、日本全国をはじめ、海外からも多くの女性が訪れる人気サロンとなる。
本シリーズでは、その診断データをもとに、12タイプ別に似合うアイテムのセレクト、およびコーディネートを考案。「服選びに悩む女性のお役に立ちたい」という思いから、日々活動を行う。
また、講師として、カラー＆ファッションセミナーを1万5千回以上実施。企業研修やラグジュアリーブランドにおけるカラー診断イベントも多数手がける。わかりやすく、顧客に寄り添ったきめ細やかなアドバイスが人気を博し、リピート率は実に9割を超える。
2013年には、「ルミエール・アカデミー」を立ち上げ、スクール事業を開始。後進の育成にも力を注ぐ。
その他、商品・コンテンツ監修、TVやラジオ、人気女性誌などのメディア取材多数。芸能人のパーソナルカラー診断や骨格診断も数多く担当するなど、著名人からも信頼を集める。
著書に『今まで着ていた服がなんだか急に似合わなくなってきた』（サンマーク出版）がある。

サロン・ド・ルミエール HP
https://salon-de-lumiere.com/

クラブS

ほぼ毎月とどく
本のびっくり箱クラブS
くわしくはコチラ
サンクチュアリ出版 年間購読メンバー

sanctuarybooks.jp/clubs/

新刊が12冊届く、公式ファンクラブです。

サンクチュアリ出版 YouTube チャンネル

奇抜な人たちに、
文字には残せない本音
を語ってもらっています。

"サンクチュアリ出版
チャンネル" で検索

選書サービス

あなたのお好みに
合いそうな「他社の本」
を無料で紹介しています。

sanctuarybooks.jp
/rbook/

サンクチュアリ出版 公式 note

どんな思いで本を作り、
届けているか、
正直に打ち明けています。

note.com/
sanctuarybooks

人生を変える授業オンライン

各方面の
「今が旬のすごい人」
のセミナーを自宅で
いつでも視聴できます。

sanctuarybooks.jp
/event_doga_shop/

パーソナルカラー冬×骨格診断ナチュラル
似合わせBOOK
2024年3月6日 初版発行

著　者　海保麻里子

装丁デザイン／井上新八
本文デザイン／相原真理子
モデル／MARIE（スペースクラフト・エージェンシー）
撮影（人物）／小松正樹
撮影（物）／小松正樹、畠中彩、髙田みづほ
ヘアメイク／yumi（Three PEACE）
スタイリング（アイテム手配）／森田文菜
スタイリング（アイテム置き画制作）／佐野初美、岡村彩
編集協力／三橋温子（株式会社ヂラフ）
制作協力（アシスタント業務）／秋元みづき、Yuuka、NANA（ルミエール・アカデミー）
イラスト／ヤベミユキ
DTP／エヴリ・シンク
撮影協力／KOMA shop

営業／市川聡（サンクチュアリ出版）
広報／岩田梨恵子、南澤香織（サンクチュアリ出版）
制作／成田夕子（サンクチュアリ出版）
撮影補助／木下佐知子（サンクチュアリ出版）
編集補助／鶴田宏樹（サンクチュアリ出版）
編集／吉田麻衣子（サンクチュアリ出版）

発行者　鶴巻謙介
発行・発売　サンクチュアリ出版
〒113-0023 東京都文京区向丘2-14-9
TEL:03-5834-2507 FAX:03-5834-2508
https://www.sanctuarybooks.jp
info@sanctuarybooks.jp

印刷・製本　株式会社シナノ パブリッシング プレス

診断用カラーシート

春 Spring | コーラルピンク | 血色がよくハリが出る ➡ 似合う
黄みが出て浮く ➡ 似合わない

診断用カラーシート

夏 Summer ｜ ローズピンク ｜ 透明感が出る ➡ **似合う**
青白くなる ➡ **似合わない**

診断用カラーシート

秋 Autumn | サーモンピンク | 血色がよくなじむ ➡ 似合う
黄色くくすむ ➡ 似合わない

診断用カラーシート

冬 Winter | ショッキングピンク | 華やかになる ➡ 似合う
ギラギラする ➡ 似合わない

診断用カラーシート

春 Spring | ライトキャメル | 血色がよく健康的 ➡ **似合う**
黄みが出てぼんやりする ➡ **似合わない**

診断用カラーシート

夏 Summer	ライトブルーグレー	透明感が出てシック ➡ 似合う 青白く寂しい ➡ 似合わない